Alexandra Piel

# Typische Stolperfallen

## der deutschen Rechtschreibung und Zeichensetzung umgehen

Arbeitsblätter
für die Sekundarstufe

Verlag an der Ruhr

# Impressum

**Titel**
Typische Stolperfallen der deutschen Rechtschreibung und Zeichensetzung umgehen
Arbeitsblätter für die Sekundarstufe

**Autorin**
Alexandra Piel

**Titelbildmotiv und Kapiteldeckblätter**
Heinrich Drescher

**Lektorat**
Dr. Anja Steinhauer

**Satz und Layout**
Melanie Reich, ideenreich

**Geeignet für die Klassen 7–13**

**Unser Beitrag zum Umweltschutz:**
Wir sind seit 2008 ein ÖKOPROFIT®-Betrieb und setzen uns damit aktiv für den Umweltschutz ein. Das ÖKOPROFIT®-Projekt unterstützt Betriebe dabei, die Umwelt durch nachhaltiges Wirtschaften zu entlasten. Unsere Produkte sind grundsätzlich auf chlorfrei gebleichtes und nach Umweltschutzstandards zertifiziertes Papier gedruckt.


**ISBN 978-3-8346-3550-1**

**Printed in Germany**

# Inhaltsverzeichnis

# Inhaltsverzeichnis



---

Hinweis:
Die Sternchen * kennzeichnen einen erhöhten Schwierigkeitsgrad der Arbeitsblätter:
* bedeutet: geeignet für Schüler ab der Jahrgangsstufe 8
** bedeutet: geeignet für Schüler ab den Jahrgangsstufen 9/10

# Vorwort

„Mit freundlichen Grüssen", „dienstag's geschlossen" oder „Kaffee zum mitnehmen" – solche Verstöße gegen die Normen der Rechtschreibung begegnen einem fast täglich – mal auf einem Schild an der Ladentür, mal in einem Brief oder einer Mail. Das macht es natürlich nicht leicht, bei Schülern* ein **Bewusstsein für korrekte Orthografie** zu wecken.

Während Rechtschreibung in den unteren Klassen der Sekundarstufe I immer wieder auf dem Lehrplan steht, bleibt in höheren Klassen nur wenig Zeit für gezieltes Training der **Rechtschreibkompetenz**. Aber viele Schüler der Sekundarstufe II und der Berufsschule hätten das nötig, denn sie sind zumindest in bestimmten Bereichen der Rechtschreibung unsicher. Darum findet sich in den Klausuren aller Jahrgänge häufig eine beachtliche Anzahl von Rechtschreibfehlern. Zum einen hat das natürlich mit fehlender Konzentration der Schüler und ihrem mangelnden Fehlerbewusstsein zu tun, zum anderen kennen viele nicht die Grundregeln der Orthografie, weil diese in den bisherigen Schuljahren nur unzureichend erworben wurden oder inzwischen wieder in Vergessenheit geraten sind. Vor allem im Hinblick auf künftige Ausbildungsplatzsuche und Berufstätigkeit ist eine sichere Rechtschreibung jedoch eine **unverzichtbare Schlüsselqualifikation** für die Jugendlichen.

Deshalb sollte auch in höheren Klassen das Thema Rechtschreibung so oft wie möglich behandelt werden – und das am besten so, dass die Schüler an ihren individuellen Problemen arbeiten können. Zwar gibt es dafür auf dem Markt bereits unzählige Rechtschreibtrainingsbücher, doch werden darin meist nur die gängigen Regeln zur Groß- und Kleinschreibung, Dehnung, Schärfung etc. behandelt. Selten findet man hingegen Übungen, in denen **besondere Stolpersteine** der Rechtschreibung gezielt aufgegriffen und isoliert geübt werden, wie z. B. die Unterscheidung von „end" und „ent", „dank" und „Dank" oder „Miene" und „Mine".

Der vorliegende Band schafft da Abhilfe. Er kombiniert Übungen zu gängigen Rechtschreibphänomenen mit Trainingseinheiten für **besondere Zweifelsfälle**, um die Schüler für die Stolpersteine der deutschen Rechtschreibung zu sensibilisieren. Die Jugendlichen sollen ein Bewusstsein dafür bekommen, bei welchen Wörtern es Schwierigkeiten geben könnte und wann sie lieber einen Blick in den Duden werfen sollten – eine wichtige **Kompetenz** beim Verfassen, Korrigieren und Überarbeiten eigener Texte.

Das vorliegende Material ermöglicht es Ihnen, Ihren Schülern **binnendifferenzierte Lernangebote** zu machen. Sie finden hier Übungsaufgaben, die genau dort ansetzen, wo die Lernenden noch Unsicherheiten in der Rechtschreibung zeigen: Wer beispielsweise Schwierigkeiten mit Groß- und Kleinschreibung hat, kann die passenden Seiten in diesem Material durcharbeiten, wer s-Laute trainieren will, erhält von Ihnen dementsprechend andere Übungsblätter. Aufgrund der Vielzahl von Aufgaben zu verschiedensten Themen kann jeder Einzelne **individuell gefördert** werden und sich während einer gemeinsamen Übungsphase dem Themenbereich widmen, der ihm die meisten Schwierigkeiten bereitet.

Die **Sternchen** an den Übungsblättern (s. Inhaltsverzeichnis) ermöglichen Ihnen eine Auswahl der Übungen nach Schwierigkeitsgrad: Die Aufgabenblätter mit einem Sternchen (*) sind geeignet für

* Aus Gründen der besseren Lesbarkeit haben wir in diesem Buch durchgehend die männliche Form verwendet. Natürlich sind damit auch immer Frauen und Mädchen gemeint, also Lehrerinnen, Schülerinnen etc.

# Vorwort

Schüler ab der Jahrgangsstufe 8, diejenigen mit zwei Sternchen (**) passen für Schüler ab den Jahrgangsstufen 9/10. Viele Arbeitsblätter bieten noch eine weitere **Differenzierungsmöglichkeit**: Es gibt Einsetzübungen, bei denen die Lücken mit bestimmten Wörtern gefüllt werden sollen. Gute Schüler können diese Aufgabe ohne Hilfen bewältigen, für schwächere befindet sich unter der Aufgabe ein **Hilfekasten** mit den einzufügenden Begriffen. Diese können bei Bedarf als Hilfe genutzt oder einfach abgeknickt bzw. verdeckt werden. Natürlich können Sie nicht nur inhaltlich, sondern auch quantitativ differenzieren, indem Sie für leistungsstärkere Schüler zusätzliche Arbeitsblätter aus der Materialsammlung auswählen.

Auf den Arbeitsblättern wird in knappen **Regelsätzen** mithilfe ausgewählter Beispiele das jeweilige Rechtschreibthema erläutert. Sie finden entsprechende Infokästen zu Beginn eines jeden Arbeitsblatts. Anschließend üben die Schüler auf vielfältige Weise, diesen Stolperstein zu umgehen. Sie setzen Wörter kontextgerecht in Lücken ein, sammeln Begriffe mit einer bestimmten Schreibweise, begeben sich in Texten auf Fehlersuche und lernen in Unterscheidungsübungen die korrekte Schreibweise von Begriffspaaren, wie „wieder" und „wider" oder „tod" und „tot". Um **eigenständiges Arbeiten** zu ermöglichen, gibt es am Ende des Buches Lösungen zu jeder Aufgabe, die Sie für die Schüler kopieren können.

Die vorliegenden Materialien sind vielfältig nutzbar. Natürlich eignen sie sich zum Einsatz im **Frontalunterricht**, bei dem ein bestimmter Aspekt zunächst im Klassenverband thematisiert und dann in Einzelarbeit geübt und schließlich gemeinsam kontrolliert wird. Zur Vertiefung können die Schüler nach dem Muster der Aufgaben auf den Arbeitsblättern selbst weitere Übungssätze in ihrem Heft notieren.

Sie könnten sich auch **paarweise** gegenseitig entsprechende Aufgaben stellen und deren Lösungen anschließend gemeinsam besprechen. Außerdem können Sie für die Schüler einen Aufgabenmix aus Teilen verschiedener Arbeitsblätter zusammenstellen. Hierdurch erhöht sich der Schwierigkeitsgrad, weil sich die Jugendlichen gleichzeitig auf verschiedene Teilbereiche der Rechtschreibung konzentrieren müssen.

Sie könnten einzelne Sätze/Aufgaben von den Arbeitsblättern auch gut in ein **Rechtschreib-Quiz** integrieren. Dabei spielen entweder zwei bis vier Schülerteams gegeneinander oder – in kleinen Lerngruppen – mehrere Paare oder einzelne Schüler. Verschiedene Spielformen sind denkbar, z. B.:

- **Zahlenquiz:** Stellen Sie für sich ein Aufgabenblatt mit allen Quizfragen zusammen. Nummerieren Sie die Aufgaben fortlaufend und geben Sie den Schülern den Zahlenraum bekannt. Teilen Sie die Lerngruppe in Teams auf, die abwechselnd eine der Zahlen nennen und die entsprechende Aufgabe lösen müssen. Eventuell können Sie dafür ein Zeitlimit von z. B. einer Minute geben. Jede gelöste Aufgabe wird mit einem Punkt belohnt.
- **Jeopardy:** Schreiben Sie die ausgewählten Themenbereiche, z. B. „Zeichensetzung", „s-Laute", „Getrennt- oder Zusammenschreibung", als Spalten einer Tabelle an die Tafel. Stellen Sie für sich ein Aufgabenblatt mit unterschiedlich schwierigen Quizfragen zu diesen Themen zusammen. Ordnen Sie die ausgewählten Aufgaben nach Schwierigkeitsgrad und notieren Sie z. B. „10, 20, 30 und 50" in die Zeilen der Tabelle. Das sind die Punktwerte, die ein Team jeweils bekommt, wenn es die gewählte Aufgabe gelöst hat. Die Mannschaften dürfen abwechselnd ein Thema sowie eine Punktzahl auswählen.

# Vorwort

Außerdem können die Schüler die Übungen des Buches zu Hause nutzen, um ihre Rechtschreibschwächen **individuell zu trainieren**. Dazu können Sie Einzelnen gezielt bestimmte Arbeitsblätter aushändigen, damit sie an einem **bestimmten Fehlerschwerpunkt** arbeiten.

Bei **Freiarbeit** können Sie die Arbeitsblätter folgendermaßen nutzen:

- **Stationenlernen:** Die Schüler bearbeiten an verschiedenen Stationen unterschiedliche Aufgaben zu einem Oberthema. Dabei können sie die Reihenfolge der Stationen sowie ihre Verweildauer dort selbst bestimmen. Sie als Lehrkraft können festlegen, welche Wahl- und Pflichtstationen, die auf einem Laufzettel entsprechend gekennzeichnet sind, die Schüler bewältigen müssen.
- **Lernzirkel:** Die Stationen sind kreisförmig im Raum angeordnet. Alle Schüler müssen auf ein akustisches Signal hin im Uhrzeigersinn die Stationen wechseln, sodass jeder gleich viel Zeit an jeder Station verbringt.
- **Lernstraße:** Sämtliche Stationen sind gradlinig wie Häuser an einer Straße angeordnet, möglicherweise mit steigendem Schwierigkeitsgrad. Die Schüler bearbeiten die Stationen in der gleichen Reihenfolge nacheinander, d. h., sie beginnen alle mit der gleichen Aufgabe und arbeiten sich dann in unterschiedlicher Geschwindigkeit die Straße entlang. Um Staus zu vermeiden, können Sie zusätzliche Pufferzonen einplanen.
- **Lerntheke:** Hier bewegen sich die Schüler nicht von Station zu Station, sondern bedienen sich am Materialangebot, das an der Lerntheke, einem Tisch oder Regal im Klassenraum, ausliegt. Diese Art der Freiarbeit benötigt weniger Platz und verläuft ruhiger als die anderen Formen, ist deshalb schneller umsetzbar und besonders für große Gruppen geeignet. Die Lerntheke kann auch als dauerhaftes Zusatzangebot im Klassenraum aufgebaut sein, an dem sich die Schüler immer dann bedienen können, wenn sie Leerlauf haben.

Die Aufgaben können von den Schülern entweder selbst oder von einem Lernpartner kontrolliert werden. Kopieren Sie dafür die Lösungen und halten Sie diese für die Schüler bereit. Alternativ sammeln die Schüler ihre bearbeiteten Aufgabenblätter in einer Mappe und geben sie bei Ihnen zur Durchsicht ab.

Um die Materialien aus diesem Buch für solche Freiarbeitsformen zu nutzen, wählen Sie zunächst die entsprechenden Arbeitsblätter aus. Nummerieren Sie diese oben rechts in der Ecke in dem freien Feld („Station ___") durch. Erläutern Sie den Schülern den Ablauf der Freiarbeitsphase und geben Sie ihnen ggf. einen entsprechenden Laufzettel, auf dem alle Stationen vermerkt sind. Das gibt den Schülern einen Überblick über sämtliche Wahl- bzw. Pflichtstationen, die angeboten werden. Sie können abhaken, welche Aufgaben sie bereits erledigt haben.

Um den Lernenden noch mehr Abwechslung zu bieten, können Sie die Aufgaben aus diesem Buch mit einigen anderen Übungsformen ergänzen, wie beispielsweise:

- **Partnerdiktat:** Legen Sie eine Wörterliste zum entsprechenden Übungsschwerpunkt an die Station. Zwei Schüler diktieren sich gegenseitig Wörter von dieser Liste.
- **MP3-Diktat:** Bieten Sie an einer Station ein kurzes Diktat an, das jeweils ein Schüler über Kopfhörer anhören und schreiben kann.

# Vorwort

- **Wortsammlung am Plakat:** Lassen Sie die Jugendlichen an einer Station Wörter zu einem bestimmten Rechtschreibphänomen (z. B. Dehnungs-h oder Doppelkonsonant) sammeln und auf einem Plakat notieren. Jeder, der diese Station besucht, kann eigene Wörter ergänzen bzw. falsch geschriebene korrigieren.
- **Zusätzliche Aufgaben formulieren:** Die Schüler stellen sich in Partnerarbeit gegenseitig Aufgaben nach dem dort vorgestellten Muster und korrigieren sie ggf. mithilfe eines Wörterbuchs.
- **Laufdiktat:** Suchen Sie einen Text zum entsprechenden Übungsschwerpunkt aus und hängen Sie ihn in der Nähe der betreffenden Station an die Wand. Die Schüler gehen dorthin, merken sich so viele Wörter wie möglich, laufen zum Platz zurück und schreiben ihr Textfragment aus dem Gedächtnis auf. Danach prägen sie sich den nächsten Teil des Textes ein.

Viel Erfolg beim Rechtschreibtraining wünscht Ihnen

*Alexandra Piel*

# Groß- und Kleinschreibung

# Typische Endungen (1/3)

**INFO**

Es gibt bestimmte **Endungen**, die dir zeigen, dass es sich um ein **Nomen** handelt: ***-heit*** *(die Gelegenheit),* ***-keit*** *(die Heiterkeit),* ***-nis*** *(das Erlebnis),* ***-schaft*** *(die Verwandtschaft),* ***-ling*** *(der Frühling),* ***-ion*** *(die Operation),* ***-tät*** *(die Attraktivität),* ***-er/in*** *(der/die Verkäufer/in),* ***-ung*** *(die Überlegung),* ***-tum*** *(der Reichtum).*

Andere **Endungen** sind typisch für **Adjektive**: ***-bar*** *(sonderbar),* ***-haft*** *(zweifelhaft),* ***-lich*** *(niedlich),* ***-los*** *(arbeitslos),* ***-isch*** *(polnisch),* ***-ig*** *(niedrig),* ***-sam*** *(einsam),* ***-voll*** *(sinnvoll).*

1. **Welche Wörter sind Nomen, welche Adjektive?**
   **Schreibe sie in korrekter Groß- bzw. Kleinschreibung in die entsprechende Spalte der Tabelle. Ergänze bei den Nomen auch die Artikel.**

~~FRÜHLING~~ – EINSAMKEIT – WUNDERBAR – SINNVOLL – BÜRGERTUM – ARBEITSAM – ECKIG – DRAMATISCH – HERZLICH – NATIONALITÄT – ÜBUNG – SCHWANGERSCHAFT – VERHÄLTNIS – FRUSTRATION – GESUNDHEIT – TUGENDHAFT – ZEITLOS – KREATIVITÄT – STUDENTIN

| Adjektiv | Nomen |
|---|---|
| | *der Frühling* |
| | |
| | |
| | |
| | |
| | |
| | |
| | |
| | |
| | |
| | |
| | |

# Typische Endungen (2/3)

**2. Markiere die typischen Adjektivendungen in Aufgabe 1 rot, die Endungen der Nomen in Aufgabe 1 blau.**

**3. Notiere zu jeder Endung zwei weitere Wörter, die dir einfallen. Kreise die Endungen ein.**

| | |
|---|---|
| -BAR: *furchtbar*, ............ | -HAFT: ............ |
| -HEIT: die *Menschheit*, ............ | -NIS: ............ |
| -SAM: ............ | -KEIT: ............ |
| -LOS: ............ | -TÄT: ............ |
| -VOLL: ............ | -UNG: ............ |

**4. Erstelle Wortsterne: Wähle dazu jeweils zwei typische Endungen für Nomen und Adjektive aus dem Infokasten aus und sammle Wörter, in denen sie vorkommen. Lege ein DIN-A4-Blatt quer vor dich hin und schreibe die Endungen in die Mitte. Rahme sie jeweils mit einem Kreis ein. Ziehe dann von dem Kreis aus Striche in alle Richtungen und notiere zu jedem Strich ein Wort, das sich mit dieser Endung bilden lässt. Wie das aussehen kann, zeigt das Beispiel unten.**

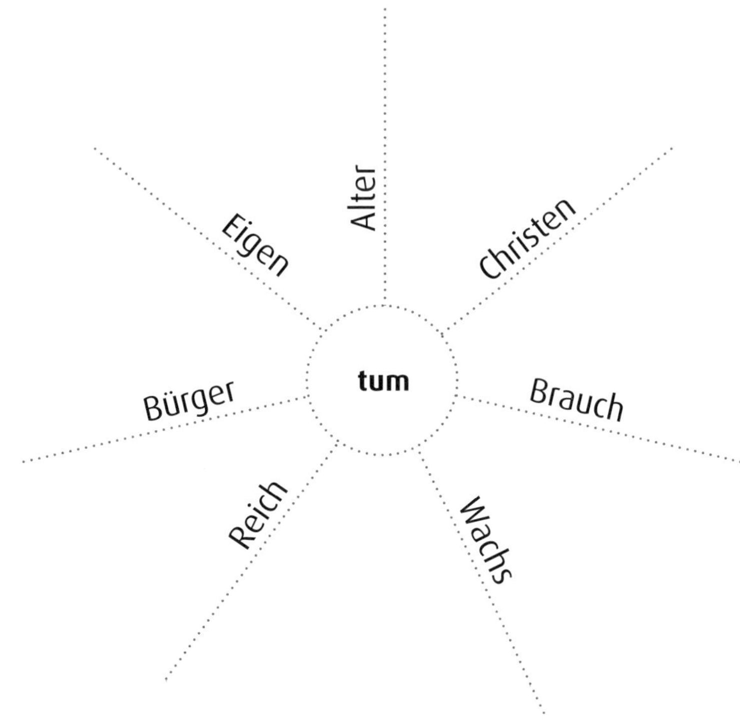



© Verlag an der Ruhr | Autorin: Alexandra Piel | ISBN 978-3-8346-3550-1 | www.verlagruhr.de

# Typische Endungen (3/3)

**5. Löse das Silbenrätsel. Als Hilfe sind die Endungen der Wörter fett gedruckt.**

**Tipp: Streiche die Silben, die du bereits benutzt hast, durch. Dann behältst du besser die Übersicht.**

AN – **BAR** – BE – BE – ~~BOR~~ – B**UNG** – ER – ~~GE~~ – ~~GEN~~ – GLÜCK – HEI – HEI – ~~**HEIT**~~ – **KEIT** – LEB – **LICH** – LIG – **LING** – **LOS** – MAN – **NIS** – REIT – R**IG** – RO – **SAM** – **SCHAFT** – SCHLÄF – SCHMET – SER – SICHT – SINN – SPRUCHS – TER – T**ISCH** – **TUM** – UN – **VOLL** – WACH – WER

**Beispiel:** *Jeder Mensch braucht Liebe und Geborgenheit.*

**a)** Bei Erkältung leidet man unter Husten und ................................................ .

**b)** Eine Bergtour ist ein aufregendes ................................................ .

**c)** Der ................................................ sitzt auf einer leuchtenden Blüte.

**d)** Der Arzt hat ................................................ und muss im Notfall reagieren.

**e)** Der Schüler schreibt eine ................................................ um einen Ausbildungsplatz.

**f)** Der Petersdom in Rom ist für Christen ein ................................................ .

**g)** Mit dunkler Kleidung ist man nachts fast ................................................ .

**h)** Die beiden sind ................................................, weil sie sich endlich wiedersehen.

**i)** Sonnenuntergänge können ................................................ sein.

**j)** Der neue Lehrer erwartet viel von der Klasse, denn er ist sehr ................................................ .

**k)** Die Katze liegt ................................................ in der Sonne.

**l)** Bei Gefahr sollte man ................................................ sein.

**m)** Es ist ................................................, hinter einem abfahrenden Bus herzulaufen.

# Substantivierung von Adjektiven

INFO

Adjektive können zu **Nomen** werden, z.B. wenn **bestimmte Begleiter** vor ihnen stehen, das gilt etwa für folgende Begleiter:

- **Artikel: das** *Interessanteste*, **das** *Gute*
- **Pronomen: diese** *Kleine*, **mein** *Liebes*
- **Präposition** (mit Artikel): **auf ein** *Neues*, **ins** *Blaue*, **auf** *Deutsch*
- **unbestimmte Mengenangaben**, wie *viel* oder *wenig*: *viel Neues*

**Kleingeschrieben** werden hingegen **Superlative mit am** (*am größten*) und **Zahladjektive** wie *viel* und *wenig* mit all ihren Formen (*sie hat vieles erlebt*).

**1. In welchen Sätzen gibt es substantivierte Adjektive? Hake die Sätze ab und kreise die Wörter ein, die diese Substantivierung bewirken.**

**Beispiel:** *Die Reise ging (ins) Ungewisse.* ✓

**a)** Das ist wirklich zu viel des Guten.

**b)** Silberne Ringe sehen oft schöner aus als goldene.

**c)** Ich habe nichts Besonderes zu erzählen.

**d)** Mein Lieber, ich freue mich auf unser Treffen!

**e)** Darüber wissen wir nicht das Geringste.

**f)** Der Chef sagt in der Besprechung wenig Positives.

**g)** Diese hohe Rechnung trifft keinen Armen.

**h)** Im Urlaub haben wir viel Schönes erlebt.

**i)** Erdbeereis mag ich am liebsten.

**2. Kreise die richtige Schreibweise ein.**

**Beispiel:** *Über (A)/aktuelles informieren sie sich im Internet.*

**a)** Das Geld muss bis zum E/ersten des Monats gezahlt werden.

**b)** Sonja hat nichts B/brauchbares als Geschenk für ihren Bruder gefunden.

**c)** Ich nehme nur das Brot mit, alles Ü/übrige kann bei euch im Kühlschrank bleiben.

**d)** Das ist das S/schönste Kleid hier im Geschäft!

**e)** Am B/besten kommst du morgen früh bei mir vorbei.

**f)** Das W/wichtigste ist, dass meine Freunde sich W/wohlfühlen.

# Knifflige Schreibungen von Adjektiven

INFO

Manchmal wirkt es so, als ob **Adjektive** substantiviert wären, weil ein **Artikel** vorangestellt ist. Trotzdem kann es sein, dass du sie **kleinschreiben** musst. Das ist dann der Fall, wenn sie sich auf ein **vorhergehendes** oder **nachfolgendes Nomen** beziehen: *Das ist das schönste **Bild**.* Hier bezieht sich der Artikel auf das Nomen *Bild*, und das Adjektiv *schön* beschreibt dieses Nomen näher. Bei dem Beispiel *Ich habe eine neue **Jacke**, aber die alte will ich auch noch anziehen* bezieht sich *alte* wie *neue* auf das Nomen *Jacke*. Das wird klar, wenn du Jacke noch einmal ergänzt: *Ich habe eine neue Jacke, aber die alte Jacke will ich auch noch anziehen.*

Du schreibst **Adjektive groß**, wenn sie **anstelle eines Nomens** im Satz stehen: *Der **Schnellere** gewinnt, der **Langsamere** verliert.* Das ändert sich aber, wenn du ein Nomen, wie z. B. *Läufer* ergänzt oder ergänzen kannst, weil es vorher schon genannt wurde – dann schreibst du **klein**: *Der schnellere Läufer gewinnt, der langsamere [Läufer] verliert.*

1. **Setze das Nomen ein, das in der zweiten Satzhälfte fehlt. So kannst du deutlich erkennen, dass beide Adjektive im Satz kleingeschrieben werden müssen.**

   **Beispiel:** *Teure Kleidung ist nicht immer die beste Kleidung.*

   **a)** Dünne Menschen sind nicht immer die sportlichsten ............................................... .

   **b)** Ich trinke gern kalte Cola, aber ich mag auch warme ............................................... .

   **c)** Möchtest du lieber den grünen Schal oder den grauen ...............................................?

   **d)** Welches Etui ist deins, das blaue ........................................ oder das rote ........................................?

   **e)** Der längere Weg ist der interessanteste ............................................... .

2. **Entscheide, ob du groß- oder kleinschreiben musst, und kreise entsprechend ein.**

   **Beispiel:** *Der k/(K)lügere gibt nach.*

   **a)** Ein Spaghettieis ist für mich das g/Größte.

   **b)** Die k/Kleinen müssen in der Pause auf den Schulhof gehen.

   **c)** Die l/Laute Musik stört mich, wenn ich lernen muss.

   **d)** Frau Mayer und Herr Beckmann sind von den n/Neuen Lehrern die n/Nettesten.

   **e)** Viele Menschen mögen es nicht, dass es im Winter so früh d/Dunkel wird.

   **f)** Das r/Rote ist mein Fahrrad!



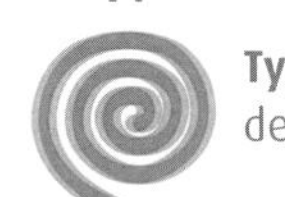

# Substantivierung von Verben

INFO

Verben können zu **Nomen** werden, wenn z. B. **bestimmte Begleiter** vor ihnen stehen.
Das gilt für folgende Begleiter:

- **Artikel:** ***das*** *Arbeiten*
- **Pronomen:** ***unser*** *Streben*
- **dekliniertes Adjektiv** mit oder ohne Artikel: *[ein]* ***erfolgreiches*** *Verhandeln*
- **Präposition** (mit Artikel): ***beim*** *Essen,* ***zum*** *Lachen*

**1. In welchen der folgenden Sätze gibt es substantivierte Verben? Hake die Sätze ab und kreise die Wörter ein, die diese Substantivierung bewirken.**

**Beispiel:** *(Beim) Lernen hört er gern Musik.* ✓

**a)** Vor dem Ausgehen trifft sie sich mit ihrer Freundin.

**b)** Dein lautes Schreien nervt mich total.

**c)** Das Wasser ist nicht zum Trinken geeignet.

**d)** Du sollst den Müll herausbringen, bevor du gehst.

**e)** Zum Faulenzen hatten wir am Wochenende gar keine Zeit.

**f)** Möchtest du lieber spülen oder abtrocknen?

**g)** Ich wünsche dir gutes Gelingen!

**h)** Die Ausstellung informiert über die Geschichte des Telefonierens.

**2. Kreise die richtige Schreibweise ein.**

**Beispiel:** *Das (B)/backen macht Ella viel Spaß.*

**a)** Pascal hat seine Freundin zum E/essen E/eingeladen.

**b)** Am Wochenende können wir endlich A/ausschlafen.

**c)** Sie G/grüßte ihn im V/vorbeigehen.

**d)** Nach dem T/treffen mit ihm kam sie ins G/grübeln.

**e)** Euer lautes G/gähnen ist ansteckend.

**f)** Das W/wissen des Lehrers ist beeindruckend.

**g)** Er ist beim J/joggen gestürzt.

**h)** Hoffentlich müssen wir nicht so viel B/bezahlen.

**i)** Durch sein gründliches L/lernen hat er die Prüfung doch noch B/bestanden.

# Schwierige Fälle der Groß- und Kleinschreibung

INFO

**Adjektive** werden durch einen **Artikel** bzw. **Präposition und Artikel** substantiviert: ***im*** *Dunkeln tappen,* ***aufs*** *Ganze gehen.* Das gilt auch für **Superlative**: ***das*** *Beste,* ***aufs*** *Äußerste.*

In der Kombination mit ***am*** schreibst du Superlative jedoch **klein** (Frage: „**Wie** ist es?"): *am besten, am schönsten.*

Kombinationen aus **Präposition und undekliniertem Adjektiv** schreibst du **klein**: *gegen bar.*

**Paarformen**, mit denen Personen bezeichnet werden, schreibst du **groß**: *Klein und Groß, Arm und Reich.*

1. **Bilde den Superlativ der Adjektive. Schreibe ihn einmal klein und einmal in substantivierter Form auf.**

   **Beispiel:** *dick* → *am dicksten* → *der/die/das Dickste*

   **a)** klein → ........................ → ........................

   **b)** süß → ........................ → ........................

   **c)** schwer → ........................ → ........................

2. **Überprüfe die Groß- bzw. Kleinschreibung der Adjektive. Schreibe die Form richtig auf, wenn du einen Fehler findest.**

   **Beispiel:** *von Fern* → *von fern*

   **a)** ein Haus im grünen → ........................

   **b)** aufs Ganze gehen → ........................

   **c)** Mode für jung und alt → ........................

   **d)** ins blaue fahren → ........................

   **e)** gleich und Gleich gesellt sich gern → ........................

   **f)** am Schnellsten → ........................

   **g)** Schwarz auf weiß → ........................

   **h)** das schwierigste → ........................

   **i)** über Kurz oder Lang → ........................

# Anredepronomen

INFO

Das **Anredepronomen *Sie*** sowie die dazugehörigen Formen *Ihnen* und *Ihr* in der höflichen Anrede schreibst du immer **groß**.

Die vertraulichen **Anredeformen *du*** und ***ihr*** sowie die dazugehörigen Formen, z. B. *dein* oder *eure*, kannst du in einem **Brief groß- oder kleinschreiben**. In anderen Sätzen schreibst du diese Formen immer **klein**.

**1. Setze die Anredepronomen in Du- und Sie-Form ein. Es handelt sich hier nicht um einen Brief.**

**Beispiel:** *Wie geht es dir/Ihnen?*

**a)** Ist der Kaffee für .............................. / .............................. ?

**b)** Kann ich .............................. / .............................. helfen?

**c)** Wie heißt .............................. ? / Wie heißen .............................. ?

**d)** Was möchtest .............................. trinken? / Was möchten .............................. trinken?

**e)** Möchtest .............................. noch etwas? / Möchten .............................. noch etwas?

**f)** Wo wohnst .............................. ? / Wo wohnen .............................. ?

**g)** Ist das .............................. / .............................. Fahrrad?

**h)** Mir gefällt .............................. / .............................. neue Hose sehr gut.

**2. Hier findest du einige Sätze aus verschiedenen Briefen. Entscheide dich für die korrekte Schreibweise der Pronomen. Umkreise die richtigen Buchstaben.**

**Beispiel:** *Danke für d/D einen Brief.*

**a)** Wann kann ich i/Ihnen das Geld geben, Herr Müller?

**b)** Frau Meier, wie geht es i/Ihnen und i/Ihrem Mann?

**c)** Das ist ein Geschenk für d/Dich.

**d)** Ich hoffe, bald wieder von i/Ihnen zu hören.

**e)** Übrigens finde ich d/Deine neue Jacke super!

**f)** Soll ich s/Sie mitnehmen oder warten s/Sie noch auf i/Ihre Tochter?

# Namen und feste Begriffe (1/2)

INFO

Wenn Adjektive **Bestandteile von Eigennamen oder namenähnlichen Bezeichnungen** sind, werden sie **großgeschrieben**: *das Tote Meer, die Vereinten Nationen.*

Auch bei **Titeln** *(Königliche Hoheit)*, **biologischen Arten** *(Blauer Enzian)*, **historischen Ereignissen** *(der Erste Weltkrieg)* und **Kalendertagen** *(der Weiße Sonntag)* schreibt man die Adjektive groß.

In **bestimmten Verbindungen**, die zwar eine feste Bedeutung haben, aber **kein Eigenname** sind, wird das Adjektiv **kleingeschrieben**: *das neue Jahr, das schwarze Schaf* (= der Außenseiter).

Bei einigen **Einzelfällen** kannst du das Adjektiv **groß- oder kleinschreiben**, auch wenn diese festen Fügungen keine Eigennamen sind: *blauer* oder *Blauer Brief, schwarzes* oder *Schwarzes Brett.*

Wenn die **Adjektive von Namen** hergeleitet sind, gibt es zwei Schreibmöglichkeiten: **kleingeschrieben** als Adjektiv oder mit **großgeschriebenem Namensteil** und **Apostroph**. Das sieht dann so aus: *die grimmschen* oder *Grimm'schen Märchen.*

**1. Groß oder klein? Entscheide dich für die richtige Schreibweise und kreise den entsprechenden Buchstaben ein. Notiere bei Großschreibung die Begründung für deine Entscheidung.**

**Beispiel:** *das s/(S)chwarze Meer →* Eigenname

**a)** das n/Neue Testament ..........

**b)** Karl der g/Große ..........

**c)** das r/Rote Kreuz ..........

**d)** der h/Heilige Vater ..........

**e)** der e/Erste Mai ..........

**f)** die d/Deutsche Bahn ..........

**g)** die s/Schillerschen Dramen ..........

**h)** das z/Zweite d/Deutsche Fernsehen ..........

# Namen und feste Begriffe (2/2)

**2. Überprüfe die Groß- und Kleinschreibung. Korrigiere die Fehler.**

**a)** Wir besuchen einen Vortrag über Sehenswürdigkeiten im nahen Osten.

..............................................................................................................................

**b)** Nach der Ankunft auf dem istanbuler Flughafen machen wir eine Bootsfahrt über das goldene Horn

..............................................................................................................................

und besuchen die Blaue Moschee.

..............................................................................................................................

**c)** Jetzt blühen im botanischen Garten die fleißigen Lieschen und der Blaue Enzian.

..............................................................................................................................

**d)** In der Oberstufe lesen wir Brechtsche Theaterstücke und lernen die darwinsche Evolutionstheorie

..............................................................................................................................

kennen.

..............................................................................................................................

**e)** Heute Mittag haben wir im Restaurant „Zur alten Post" eine Französische Fischsuppe gegessen.

..............................................................................................................................

**f)** Die Europäische Union entwickelt eine gemeinsame Europäische Politik.

..............................................................................................................................

**g)** Am heiligen Abend schließen die Geschäfte schon am Mittag, am Tag der deutschen Einheit

..............................................................................................................................

sind sie geschlossen.

..............................................................................................................................

# Herkunftsbezeichnungen

INFO

**Herkunftsbezeichnungen auf *-er*** werden **großgeschrieben**: *Hamburger Michel, Leipziger Allerlei, Rheingauer Wein.*

**Herkunftsbezeichnungen auf *-isch*** schreibt man hingegen **klein**: *griechischer Wein, spanischer Schinken.*

Nur wenn es sich bei diesen **Adjektiven auf *-isch*** um einen **Eigennamen** handelt, schreibst du sie groß: *Schwäbische Alb, Indischer Ozean.*

**1. Groß oder klein? Entscheide dich für die richtige Schreibweise und kreise den entsprechenden Buchstaben ein. Notiere die Begründung für deine Entscheidung.**

**Beispiel:** *die (f)/Französisch-(s)/Spanische Grenze* → *kein Eigenname*

**a)** d/Deutsch-p/Polnische Beziehungen ..........

**b)** der e/Englische Garten ist eine m/Münchner Grünanlage. ..........

..........

**c)** die f/Französischen Alpen ..........

**d)** die m/Mecklenburgische Seenplatte ..........

**e)** das s/Statistische Bundesamt ..........

**f)** der h/Hamburger Fischmarkt ..........

**2. Schreibe in der korrekten Groß- und Kleinschreibung auf:**

**Beispiel:** *FRANZÖSISCHER ROTWEIN* → *französischer Rotwein*

**a)** SCHWARZWÄLDER SCHINKEN → ..........

**b)** HOLLÄNDISCHER GOUDA → ..........

**c)** TSCHECHISCHES BIER → ..........

**d)** FRANKFURTER WÜRSTCHEN → ..........

**e)** ITALIENISCHES EIS → ..........

**f)** THÜRINGER BRATWURST → ..........



© Verlag an der Ruhr | Autorin: Alexandra Piel | ISBN 978-3-8346-3550-1 | **www.verlagruhr.de**

# Tageszeiten

**INFO**

**Tageszeiten**, wie *der Abend* oder *der Morgen*, sind ebenso wie **Wochentage Nomen** und werden **großgeschrieben**: *der Montag, der Montagabend.*

Wenn sie die Endung **-s** haben, handelt es sich allerdings meist um **Adverbien**, die du **kleinschreibst**: *montags abends, montagabends, nachmittags.*

Auch **Zeitangaben** wie *gestern, heute* oder *morgen* sind **Adverbien** und werden **kleingeschrieben**: *gestern Abend, gestern abends.*

**1. Schreibe die Zeitangaben in korrekter Groß- bzw. Kleinschreibung auf.**

**Beispiel:** *MORGENNACHMITTAG → morgen Nachmittag*

**a)** AMMONTAGABEND → ..........

**b)** SAMSTAGMITTAGS → ..........

**c)** HEUTEABEND → ..........

**d)** MITTWOCHSMORGENS → ..........

**e)** FREITAGS → ..........

**f)** EINESMORGENS → ..........

**g)** MORGENFRÜH → ..........

**2. Ergänze die richtigen Buchstaben in Groß- bzw. Kleinschreibung in den Lücken.**

**Beispiel:** *Meistens gehe ich mittwochs zum Volleyballtraining.*

**a)** Montags haben wir auch ........ achmittags Unterricht.

**b)** Leider haben wir ........ ienstagmittags Schwimmen. Ich hätte ........ ittags lieber frei.

**c)** Gestern ........ bend habe ich noch Vokabeln für den Test am ........ onnerstagmorgen gelernt.

**d)** Jeden ........ ontagmorgen haben wir eine Gesprächsrunde mit unserer Klassenlehrerin, dabei kann jeder erzählen, was er ........ amstags und ........ onntags erlebt hat.

**e)** Am ........ ontag und ........ onnerstag treffe ich mich meist mit meinen Freundinnen.

**f)** Wenn ich ........ onnerstags viele Hausaufgaben für ........ reitag habe, kann ich nicht zum Training.

# Zahlen

INFO

**Numerale** (Zahlwörter) **unter einer Million** schreibst du normalerweise **klein**, auch wenn sie formale Merkmale eines Nomens haben: *Die nächsten* ***vier*** *sind an der Reihe. Wir* ***drei*** *wohnen schon lange zusammen.* Hier geht es nämlich darum, dass du die benannten Dinge/Personen zählen kannst.

Wenn die Zahl als Substantiv fungiert, es z. B. um **das Bild einer Zahl** geht, wie die Augen eines Würfels oder die Zahlenwerte beim Kartenspiel, schreibst du **groß**. Meistens steht dann auch ein Artikel o. Ä. dabei: *Sie schrieb eine Eins. Ich setze hundert Euro auf die Achtzehn. Jeder Vierte trinkt ab und zu Alkohol.*

Auch **Bruchzahlen** schreibst du groß: *ein Drittel.*

Außerdem musst du *Hundert* oder *Tausend* großschreiben, wenn sie als Nomen gebraucht werden: *vom Hundert, ein halbes Tausend.*

**1. Schreibe die Zahlen in Buchstaben aus.**

**Beispiel:** *Im Diktat hat Silja schon manchmal eine Fünf (5) geschrieben.*

**a)** Wir ............................................. (4) können gut zusammenarbeiten.

**b)** Zwei und ............................................. (3) macht ............................................. (5).

**c)** Nach der langen Wanderung strecken sie alle ............................................. (4re) von sich.

**d)** ............................................. (¼) des Seminars ist schon vorbei.

**e)** Sie gratuliert ihrer Mutter zum ............................................. (50.) Geburtstag.

**f)** Bei diesem Projekt müssen wir bei ............................................. (0) anfangen.

**g)** Jeder ............................................. (3.) hat kein Geld, um in den Urlaub zu fahren.

**h)** Ich kann auf Türkisch bis ............................................. (100) zählen.

**i)** Sie wollen sich um ............................................. (8) am Kino treffen.

**j)** Ich lese nun das ............................................. (8.) Kapitel unserer Lektüre.

**k)** Zur Schule fahre ich mit der Linie ............................................. (11), zum Sport nehme ich die ............................................. (8) oder die ............................................. (12).

**l)** Selim hat auf seinem Zeugnis viele ............................................. (1-en) und ............................................. (2-en).

**m)** 1.350.000: .............................................................................................

**n)** 2/5: .............................................................................................

**o)** 24,40 Euro: .............................................................................................

# Pronomen und unbestimmte Zahlwörter

INFO

**Pronomen** und **unbestimmte Zahladjektive**, wie *du, er, etwas, einiges, wenig, viel, manches, nichts,* schreibst du **klein**. Wenn ein **Artikel** davorsteht, werden sie jedoch **großgeschrieben**: *das Du anbieten, das gewisse Etwas, der Einzelne.*

**Achtung:** Obwohl ein Artikel davorsteht, schreibst du *der eine, der andere* und *die beiden* immer **klein**. Auch *manches* wird immer **kleingeschrieben**.

**1. Klein oder groß? Kreise die richtige Schreibweise ein.**

**Beispiel:** *Damit ist (m)/Mancher nicht zufrieden.*

**a)** Was die e/Einen gut finden, gefällt den a/Anderen überhaupt nicht.

**b)** Ich muss noch e/Einiges besorgen, unter a/Anderem Sonnencreme, Getränke und Taschentücher.

**c)** Leon ist der e/Einzige, der die Aufgabe richtig gerechnet hat.

**d)** Spaghetti oder Lasagne – ich esse b/Beides gern.

**e)** In dieser Eisdiele gibt es nur w/Wenig, was mir nicht schmeckt.

**f)** Bei fremden Leuten liegt man mit dem s/Sie nie verkehrt

**g)** Die e/Einen laufen, die a/Anderen fahren mit dem Bus.

**h)** Du bist als l/Letzter an der Reihe, als n/Nächster ist Nils dran!

**i)** Nur m/Manche haben die Prüfung bestanden.

**j)** Auf der Party habe ich mit den b/Beiden gesprochen.

**2. Schreibe die Wörter in korrekter Groß- und Kleinschreibung ab.**

MANCHES – DIE BEIDEN – BEIDES – DER EINZELNE – VIELE – DIE ANDEREN – JEDER – DIE ÜBRIGEN – DAS NICHTS – WENIGES – SO MANCHES

..........................................................................................................

..........................................................................................................

..........................................................................................................

# Gemischte Übungen zur Groß- und Kleinschreibung

1. **Schreibe die Redensarten in korrekter Groß- und Kleinschreibung in dein Heft.**

   **Beispiel:** *gleichundgleichgeselltsichgern. → Gleich und Gleich gesellt sich gern.*

   **a)** allesgutekommtvonoben.

   **b)** amabendwirdderfaulefleißig.

   **c)** ehrlichwährtamlängsten.

   **d)** einehandwäschtdieandere.

   **e)** esistnichtallesgold,wasglänzt.

   **f)** demglücklichenschlägtkeinestunde.

   **g)** unterblindenistdereinäugigekönig.

   **h)** werflüstert,derlügt.

   **i)** diekatzelässtdasmausennicht.

   **j)** aucheinblindeshuhnfindetmaleinkorn.

   **k)** besserspätalsnie.

   **l)** diedümmstenbauernhabendiedickstenkartoffeln.

2. **Substantivierungen kommen auch in alltäglichen Redewendungen häufig vor. Setze den passenden Buchstaben ein.**

   **Beispiel:** *Alles Gute zum Geburtstag!*

   **a)** „Der ........ ächste, bitte“, sagt die Sprechstundenhilfe.

   **b)** Ich bin mir noch nicht darüber im ........ laren, was ich morgen machen soll.

   **c)** Bereits im ........ oraus vielen Dank für Ihre Bemühungen!

   **d)** Im ........ roßen und ........ anzen ist er mit seinem Zeugnis zufrieden.

   **e)** Bitte halten Sie mich darüber auf dem ........ aufenden!

   **f)** Die Polizei tappt bei ihren Ermittlungen noch im ........ unklen.

   **g)** Am Wochenende fahren wir gern ins ........ rüne.

   **h)** Wenn wir uns streiten, zieht meine Schwester immer den ........ ürzeren.

   **i)** Er hat seiner neuen Freundin das ........ laue vom Himmel versprochen.

# Getrennt- und Zusammenschreibung

# Verben mit zu (1/2)

INFO

Den **Infinitiv mit *zu*** schreibst du normalerweise **vom Verb getrennt**: *Sie hat sich gefreut, ihre Freundin zu treffen.*

Bei **trennbaren Verben mit Vorsilben** schreibst du den **Infinitiv** allerdings **zusammen**, z. B. *abtrocknen: Ich brauche ein Handtuch, um mich abzutrocknen.*

Manche Verben haben die **Vorsilbe *zu*** (z. B. *zudrehen*), dann muss beim Infinitiv mit *zu* ein doppeltes *zu* stehen, z. B. *Vergiss nicht, den Wasserhahn zuzudrehen.*

Zur Unterscheidung hilft dir die **Betonung**:

- Bei einem **Infinitiv mit *zu*** betonst du den Stamm des Verbs, also z. B. *zu máchen.*
- Wenn es sich um ein **Verb mit der Vorsilbe *zu*** handelt, betonst du die Vorsilbe: *zúmachen.*

**1. Schreibe die Sätze auf. Achte darauf, ob das *zu* Teil des Verbs ist oder nicht.**

**Beispiel:** *WirhabenkeineLustdieHausaufgabenzuerledigen.*
*Wir haben keine Lust, die Hausaufgaben zu erledigen.*

**a)** DeineSorgensindnichtvonderHandzuweisen.

..............................................................................................................

**b)** WasgibtesdenndaSpannendeszusehen?

..............................................................................................................

**c)** DerBVBversuchtRealMadridzuschlagen.

..............................................................................................................

**d)** IndersechstenStundefälltesderKlasseschwerzuzuhören.

..............................................................................................................

**e)** AusderWohnungsindkeineGeräuschezuhören.

..............................................................................................................

**f)** Ichmöchtefürdeinengeburtstageinleckeresessenzubereiten.

..............................................................................................................

**g)** Leiderwissenwirnochnicht,obwirzudeinerFeierzusagenkönnen.

..............................................................................................................

**h)** VielenKinderndfälltesschwerihreSüßigkeitenmitanderenzuteilen.

..............................................................................................................

# Verben mit zu (2/2)

**2. Entscheide, ob es sich um einen Infinitiv mit *zu* (z. B. *zu geben*) oder ein Verb mit der Vorsilbe *zu* (z. B. *zugeben*) handelt. Schreibe die richtige Form auf die Linien.**

**Beispiel:** *(zu)sprechen*
*Er möchte einer kranken Freundin Mut zusprechen.*
*Frau Bäcker ist gerade nicht zu sprechen.*

**a)** (zu)treffen

Carlos und Ronja versuchen, sich am Bahnhof ............................................................ .

Ich weiß nicht, ob alle Antworten auf Sie ............................................................ .

**b)** (zu)schlagen

Es ist in Deutschland verboten, Kinder ............................................................ .

Pass auf, dass die Fenster nicht ............................................................ .

**c)** (zu)greifen

Bei Sonderangeboten muss man einfach ............................................................ .

Mit Handschuhen fällt es schwer, die kleinen Teile ............................................................ .

**3. Viele Verben haben die Vorsilbe *zu*. Schreibe das passende Verb neben die Erklärungen.**

**Beispiel:** *passieren, geschehen: sich zutragen*

**a)** dicker werden, mehr Gewicht bekommen: ............................................................

**b)** etwas gestehen, zu seiner Tat stehen: ............................................................

**c)** eine Tür lautstark schließen: ............................................................

**d)** eine Verabredung oder einen Termin bestätigen: ............................................................

**e)** lauschen: ............................................................

**f)** mit einem Vorschlag einverstanden sein: ............................................................

**g)** glauben, dass jemand etwas schafft: ............................................................

**HILFE**

zugeben – zunehmen – zuknallen – zutrauen – zusagen – zustimmen – zuhören

# Verb + Verb/Partizip + Verb

**INFO**

Wenn **zwei Verben** aufeinanderfolgen, schreibst du sie **getrennt**, z. B. *schwimmen gehen* (nur die Verbindung *kennen lernen/ kennenlernen* kannst du auch zusammenschreiben).

Das Gleiche gilt für **Partizip + Verb**, denn das Partizip geht ja auf ein Verb zurück: *gefangen nehmen*. Nur wenn die Verbindung aus Verb + Partizip als Adjektiv gebraucht wird, kannst du **getrennt oder zusammenschreiben**: *die gefangen genommenen* oder *gefangengenommenen Spione*.

**1. Schreibe die Sätze in korrekter Schreibung auf.**

**a)** Bi stduscho nei nmalimAu fzugs teck enge blieben?

.......................................................................................................

**b)** Wi rwol lener stein kaufe nfah renundda nne ssenge hen.

.......................................................................................................

**c)** Sieist trau rig, weilih reEl ternge trenntle ben.

.......................................................................................................

**d)** ImWi nterm öchtei chge rnlän gerim Bettli egenble iben.

.......................................................................................................

**e)** Wi eärger lich,ich ha beeinG lasf allenla ssen.

.......................................................................................................

**2. Kreuze die richtige Schreibweise an.**

**a)** Wollen wir morgen zusammen ☐ baden gehen/ ☐ badengehen?

**b)** Du kannst die Bücher bis morgen hier ☐ liegenlassen/ ☐ liegen lassen.

**c)** Verbindungen aus zwei Verben werden ☐ getrenntgeschrieben/ ☐ getrennt geschrieben.

**d)** Wir müssen die Milch erst ☐ kochen lassen/ ☐ kochenlassen, bevor wir das Puddingpulver unterrühren können.


© Verlag an der Ruhr | Autorin: Alexandra Piel | ISBN 978-3-8346-3550-1 | www.verlagruhr.de

# Nomen + Verb

INFO

Fügungen aus **Nomen und Verb** schreibst du **getrennt**, wenn das Nomen seine eigene Bedeutung behält: *Rad fahren, Schlittschuh laufen*. Bei **Substantivierung** des ganzen Ausdrucks schreibst du groß und in einem Wort: *Das Radfahren macht mir Freude.*

Viele Ausdrücke aus Nomen und Verb sind so **fest verbunden**, dass sie ein neues Wort bilden, besonders wenn die ursprüngliche Bedeutung des Nomens verblasst ist (*lobpreisen, wehklagen*) oder wenn sie für eine Wortgruppe stehen (*bergsteigen* = „auf einen Berg steigen“) – sie werden **zusammengeschrieben**. Diese Verben musst du auswendig lernen.

**Achtung:** Wenn die Verbindung trennbar ist, musst du den ersten Teil **kleinschreiben**, wenn er allein steht: *nottun* → *Eile tut not.*

**1. Schreibe die Wörter in korrekter Schreibweise auf.**

**Beispiel:** *NOTTUN* → *nottun*

**a)** DASAUTOFAHREN → ..................

**b)** KOPFSTEHEN → ..................

**c)** SCHLAFWANDELN → ..................

**d)** SKATSPIELEN → ..................

**e)** BERGSTEIGEN → ..................

**f)** HEIMSUCHEN → ..................

**g)** FEUERFANGEN → ..................

**h)** HANDHABEN → ..................

**i)** BRUCHRECHNEN → ..................

**2. Vervollständige die Sätze mit den angegebenen Wörtern in korrekter Form.**

**a)** KOPFSTEHEN → Die ganze Welt steht .................. .

**b)** RADFAHREN → Wusstest du, dass sie .................. ?

**c)** HEIMKOMMEN → Ich kam gestern spät .................. .

# Adverb + Verb

**INFO**

Meistens werden die **Verbindungen** aus **Adverb und Verb zusammengeschrieben**: *abwärtsfließen, aufeinanderfolgen, wiederkommen.* Entscheidend ist in der Regel die **Betonung**: Wenn die Hauptbetonung auf dem **ersten Bestandteil** liegt (wie in den genannten Beispielen), schreibst du zusammen.

Werden dagegen **beide Bestandteile** gleichermaßen **betont**, schreibst du **getrennt**: *vorher nachdenken, rückwärts einparken, zusammen ausgehen.*

Beispiel: *Wir können den Text zusammen schreiben.* Hier ist *zusammen* in der Bedeutung von *gemeinsam* gemeint. *Das müssen wir zusammenschreiben* heißt, dass man aus einzelnen Stücken einen einzigen Text macht.

**1. Wo liegt die Hauptbetonung des Verbs und seines Zusatzes? Lies dir die Sätze durch und kreuze entsprechend an.**

**Beispiel:** *Das Wasser kann nur abwärtsfließen.*
☒ *Hauptbetonung auf dem ersten Bestandteil*
☐ *Betonung auf beiden Bestandteilen*

**a)** Man muss die Teile übereinanderlegen.
☐ Hauptbetonung auf dem ersten Bestandteil ☐ Betonung auf beiden Bestandteilen

**b)** Ihr solltet besser übereinander lachen.
☐ Hauptbetonung auf dem ersten Bestandteil ☐ Betonung auf beiden Bestandteilen

**c)** Hast du dein Buch schon wiederbekommen?
☐ Hauptbetonung auf dem ersten Bestandteil ☐ Betonung auf beiden Bestandteilen

**2. Mache Striche zur Trennung der Wörter. Schreibe die Sätze dann ab.**

**a)** BEIMSPORTMUSSMANSICHERSTAUFWÄRMENUNDHINTERHERLAUFEN.

Beim Sport ..................................................................

**b)** IMMERMUSSICHNEBENHERGEHEN.

..................................................................

**c)** DARFICHINDEINETASCHEHINEINSCHAUEN?

..................................................................

**d)** LASSUNSDIESCHWERETASCHEZUSAMMENTRAGEN!

..................................................................

# Adjektiv + Verb

**INFO**

Normalerweise schreibst du **Verbindungen aus Adjektiv und Verb getrennt**: *italienisch essen, langsam gehen.* Die Betonung liegt beim Sprechen auf dem Adjektiv und auf dem Verb.

Wenn sich aus der Kombination von Adjektiv und Verb **ein Wort mit einer neuen Bedeutung** ergibt, musst du **zusammenschreiben**: *jemanden festnageln* (= *jemanden auf seine Meinung festlegen*) oder *schwarzfahren* (= *ohne Fahrschein fahren*).

**1. Die links stehenden Zusammensetzungen schreibst du in einem Wort, weil sie eine neue Bedeutung bekommen haben. Ordne die Wörter ihren übertragenen Bedeutungen zu.**

| | |
|---|---|
| krankschreiben | jemanden ausschalten, beiseitedrängen |
| freisprechen | die Arbeitsunfähigkeit aus gesundheitlichen Gründen bescheinigen |
| kaltstellen | sich oder jemanden blamieren |
| geringschätzen | einen Angeklagten für unschuldig erklären |
| kleinschreiben | jemanden oder etwas für wenig wertvoll halten |
| bloßstellen | ohne Fahrkarte fahren |
| schwarzfahren | mit kleinen Anfangsbuchstaben schreiben |

**2. Getrennt oder zusammen? Entscheide je nach Zusammenhang. Streiche die falsche Schreibweise durch.**

**a)** Wer eine öffentliche Rede hält, sollte möglichst frei sprechen/freisprechen.
Wenn es nicht genügend Beweise gibt, muss das Gericht den Angeklagten frei sprechen/freisprechen.

**b)** Du sollst andere Leute nicht immer so schlecht machen/schlechtmachen.
Wenn du dein nächstes Referat auch so schlecht machst/schlechtmachst, bekommst du keine Zwei mehr in Deutsch.

**c)** Bei uns wird Teamgeist großgeschrieben/groß geschrieben.
Der Satz an der Tafel ist aber nicht sehr großgeschrieben/groß geschrieben.

# Mehrteilige Adjektive

INFO

Adjektive können sich aus Wörtern unterschiedlicher Wortarten zusammensetzen. Du schreibst **klein und zusammen**:

- Zusammensetzungen aus **zwei Adjektiven**, wenn das erste Adjektiv das zweite **näher bestimmt** oder die Bedeutung **vermindert** oder **verstärkt** (*blaugrün, hellblau, nasskalt*).
- Zusammensetzungen aus einem **Nomen** und einem **Adjektiv** (*felsenfest, steinalt, haushoch*). Diese haben meist **verstärkende Bedeutung**, *felsenfest* heißt z. B. *„sehr fest"*.

Bei **Farben** dient das Nomen dazu, den **Farbton** näher zu beschreiben: *tannengrün* (ein dunkles Grün) und *grasgrün* (hellgrün wie Gras).

**Getrennt** schreibst du Verbindungen aus **Partizip und Adjektiv** (*leuchtend rot, kochend heiß*).

**1. Finde für folgende Adjektive Abstufungen.**

**a)** schlau: ..........

**b)** ernst: ..........

**c)** blau: ..........

**d)** warm: ..........

HILFE

bitter – super – lau – grau

**2. Finde für folgende Adjektive Verstärkungen, die aus einem Nomen und einem Adjektiv zusammengesetzt sind.**

**Beispiel:** *trocken* → *staubtrocken, knochentrocken*

**a)** leicht → ..........

**b)** teuer → ..........

**c)** stark → ..........

**d)** schnell → ..........

**3. Finde Farbtöne, die aus einem Nomen und der jeweiligen Farbe gebildet werden.**

**Beispiel:** *rot* → *feuerrot*

**a)** blau → ..........

**b)** grün → ..........

**c)** gelb → ..........

# Leicht verwechselbare Laute

# ä/e, äu/eu

**INFO**

Wörter, deren **Grundform** ein **a** enthält, schreibst du in **Ableitungen** und verwandten Formen (z. B. Plural, Steigerung von Adjektiven) mit **ä**, z. B. *Tag* → *täglich*. Wenn du keine Wörter ableiten kannst, schreibst du im Normalfall **e**. Allerdings gibt es auch **Ausnahmen**, wie *Lärm* – diese basieren nicht auf einem Grundwort mit *a*, haben aber trotzdem ein *ä*.

Beim langen *ä* hörst du einen Unterschied in der Aussprache (*Bär, Käse*).

Das Gleiche gilt für *äu* und *eu*: Wenn du ein anderes Wort mit *au* ableiten kannst, schreibst du *äu*, wenn nicht, ist in der Regel *eu* korrekt: *Mäuse (Maus), Scheune.* Es gibt keinen Unterschied in der Aussprache.

**Achtung:** Auch hier gibt es Ausnahmen, also Wörter, bei denen sich keine Ableitungen finden lassen, die aber trotzdem mit *äu* geschrieben werden: *Säule, Knäuel, sich räuspern.*

**1. Welche Wörter, die *ä* enthalten, kannst du von folgenden Stammwörtern ableiten?**

**Beispiel:** *warm: die Wärme, sich wärmen, erwärmen, aufwärmen*

**a)** backen: ..........

**b)** die Gefahr: ..........

**c)** kalt: ..........

**d)** nass: ..........

**e)** die Qual: ..........

**f)** die Hand: ..........

**2. Setze ein: *ä/e* oder *äu/eu***

**Beispiel:** *häufig*

**a)** n ..... lich

**b)** die Sch ..... ne

**c)** schr ..... cklich

**d)** vertr ..... mt

**e)** das P ..... rchen

**f)** der R ..... ber

**g)** der B ..... tel

**h)** der H ..... ndler

**i)** h ..... sslich

**j)** m ..... nnlich

**k)** schm ..... chtig

# ai/ei (1/2)

INFO

Normalerweise schreibst du den **ei-Laut** mit *ei*. Es gibt aber einige Ausnahmen mit *ai*, wie *Kaiser, Laie* und *Mai*. Diese musst du dir gut einprägen.

Auch viele **Fremdwörter** aus der französischen (*Baiser, Emaille*) oder englischen Sprache (*fair, Airbag*) werden mit *ai* geschrieben.
In Fremdwörtern wird *ai* ganz unterschiedlich ausgesprochen: *unfair, Terrain, naiv.*

**1. Setze die fehlenden Buchstaben *ai* oder *ei* ein.**

**a)** der M ........
**b)** der Kr ........ s
**c)** die H ........ zung
**d)** f ........ r
**e)** das Fl ........ r
**f)** das Terr ........ n
**g)** str ........ ten
**h)** die Gl ........ chung
**i)** der T ........ fun
**j)** die M ........ l
**k)** die M ........ le
**l)** das Det ........ l
**m)** der Cont ........ ner
**n)** die Z ........ chnung
**o)** pr ........ swert
**p)** Th ........ land

**2. Schreibe alle Wörter aus Aufgabe 1 auf, die mit ai geschrieben werden.**

..............................................................................................................

..............................................................................................................

**3. Bilde aus je einem Wort aus der 1. und einem aus der 2. Spalte ein zusammengesetztes Nomen. Schreibe die Wörter in dein Heft.**

**Beispiel:** *Kaiser + Krone →* *die Kaiserkrone*

| Erster Wortteil | Zweiter Wortteil |
|---|---|
| Reise | Instrument |
| Mais | Haus |
| Frosch | Ernte |
| Waisen | Imbiss |
| Saiten | Laich |
| Thai | Baum |
| Brot | Büro |
| Mai | Laib |

# ai/ei (2/2)

**4. Trage die Lösungswörter in das Kreuzworträtsel ein.**

**Tipp: 3-mal musst du *ei* benutzen, sonst *ai*.**

HILFE

Hai – Thailand – Mai – Medaille – Meise – Mais – Kai – Saite – Weide – Main – Container – Laie – Taifun – Detail – Laib – Laich – Waise – Einsamkeit

**1** Monatsname

**2** Teil eines Instruments, z. B. einer Gitarre

**3** Kind, das keine Eltern mehr hat.

**4** Auszeichnung für Sportler, gibt es in Gold, Silber und Bronze

**5** kleiner Vogel

**6** großer Fisch

**7** Getreideart, man kann die Kolben auch als Gemüse essen

**8** gemauerter Rand von Gewässern

**9** das Gefühl, allein zu sein

**10** Wiese, auf der Tiere grasen

**11** ein Amateur, kein Profi

**12** Fluss in Frankfurt

**13** Eier von Fischen und Fröschen

**14** großer Transportbehälter für Güter

**15** Land in Asien

**16** tropischer Wirbelsturm

**17** kleiner Teil, Ausschnitt aus einem Ganzen

**18** runde oder ovale Form von Brot

# Langes i: i/ie/ieh/ih

**INFO**

Das lang gesprochene *i* wird im **Wortinneren** und am **Wortende** meist als **ie** geschrieben: *diebisch, fliegen, Krieg; Biologie, Chemie.*

Wörter, die mit einem lang gesprochenen *i* **beginnen**, schreibst du mit einfachem **i** (*Igel, Iglu*). Es gibt aber einige Wörter, wie *Tiger, Liter, dir*, die auch **im Wortinneren** mit einfachem **i** geschrieben werden.

Die Kombination **ieh** kommt nur in wenigen Wörtern, wie *Vieh, fliehen* und *ziehen* vor, **ih** nur in Pronomen (*ihn, ihr*).

In **Fremdwörtern** steht meist ein einfaches *i*. Die Endungen *-ieren* (bei Verben) und *-ie* (bei Nomen) schreibst du allerdings mit *ie*.

**1. Setze *-i/-ie/-ih/-ieh* in die Lücken ein.**

**Beispiel:** *die Schikane*

**a)** kontroll ........ ren
**b)** das Federv ........
**c)** der ........ gel
**d)** die Fl ........ ge
**e)** die Mag ........
**f)** die Fr ........ sur
**g)** ........ re
**h)** das Augenl ........ d
**i)** ...... mport ...... ren

**2. Sprich dir die Sätze leise vor. Kreise alle Wörter mit einem lang gesprochenen -i ein.**

**a)** Viele Kinder finden italienisches Eis sehr lecker, am liebsten sind ihnen Sorten wie Zitrone, Apfelsine oder Kiwi.

**b)** Bevor ich mit meiner Familie umziehe, muss ich meine ausgedienten Spielsachen aussortieren und mir diverse neue Möbel sowie einen Teppichboden aussuchen.

**c)** Ich schenke meiner lieben Freundin einen Gutschein, dass ich mit ihr im Kino einen beliebigen Film anschaue.

**d)** Ein hinterlistiger Dieb hat mir in der Innenstadt mein Portemonnaie mit 20 Euro, meinem Bibliotheksausweis und meinem Busticket geklaut.

**3. Sortiere die Wörter aus Aufgabe 2 in eine Tabelle nach folgendem Muster ein. Schreibe diese Tabelle in dein Heft.**

| -i- | -ie- | -ih- | -ieh- |
|---|---|---|---|
| | | | |
| | | | |

# Dehnung

INFO

**Lang gesprochene Vokale** können auf drei Arten geschrieben werden:

- **ohne Dehnungszeichen**: *Schwan, lesen,*
- mit **Dehnungs-h**: *Huhn, ohne, ahnen,*
- durch **Verdoppelung des Vokals**: *Saal, Meer.*

Solche **Vokalverdoppelungen** gibt es bei *-a* und *-e* häufig, bei *-o* nur in wenigen Wörtern wie *Moor, Boot, Moos, doof, Zoo.* Bei *i* und *u* wird nie verdoppelt.

**1. Kreise alle Wörter ein, deren a-Laut lang gesprochen wird.**

Paar – Jahr – Schal – Halle – Waage – Zahn – Affe – Zahl – Aal – Draht – Schwamm – zahm – fallen – Saat – Aas – Kanal – Kanne – Ball – Haar – Staat – satt – Ameise

**2. Hier werden Wörter mit *-ee* gesucht. Fülle das Rätsel aus.**

**a)** Märchenfigur ☐☐☐

**b)** Niederschlag im Winter ☐☐☐☐☐☐

**c)** Gebetsraum für Muslime ☐☐☐☐☐☐☐

**d)** Glücksbringer und Futterpflanze ☐☐☐☐

**e)** Teil der Armee ☐☐☐☐

**f)** Konzertreise von Bands oder Sängern ☐☐☐☐☐☐☐

**g)** Die Nordsee ist ein ... ☐☐☐☐

**h)** Marmelade ohne Fruchtstücke ☐☐☐☐☐

**i)** von Bäumen umrandete Straße ☐☐☐☐☐

**j)** anderes Wort für Lauch ☐☐☐☐☐☐

**k)** Getränk mit Koffein ☐☐☐☐☐☐

**l)** nicht voll, sondern ... ☐☐☐☐

HILFE

Meer – leer – Gelee – Moschee – Fee – Schnee – Allee – Heer – Porree – Tournee – Klee – Kaffee

**3. Schreibe die Begriffe aus Aufgabe 2 in alphabetischer Reihenfolge in dein Heft. Ergänze in deiner Auflistung noch mindestens drei weitere Wörter, die *-ee* enthalten.**

# Auslaute: -d/-t, -b/-p, -g/-k

INFO

Wenn du nicht weißt, ob ein Wort am Ende mit *-d* oder *-t*, *-b* oder *-p-* bzw. *-g* oder *-k* geschrieben wird, mache die **Verlängerungsprobe**. Bilde dazu den **Plural** oder finde ein **verwandtes Wort**, wie *Strand → Strände, Sand → sandig.*

**1. Schreibe das Wort im Singular auf. Ergänze auch den Artikel.**

**Beispiel:** *das Kalb → Kälber*

**a)** ............................................... → Häute

**b)** ............................................... → Länder

**c)** ............................................... → Stäbe

**d)** ............................................... → Pulte

**e)** ............................................... → Taten

**f)** ............................................... → Züge

**g)** ............................................... → Mikroskope

**h)** ............................................... → Bänke

**i)** ............................................... → Typen

**j)** ............................................... → Zwerge

**2. Finde verwandte Wörter, um die Schreibung der fett gedruckten Buchstaben zu begründen.**

**Beispiel:** *Blu**t** → blutig, bluten*

**a)** En**d**station → ...............................................

**b)** lie**b** → ...............................................

**c)** Stau**b** → ...............................................

**d)** Strei**k** → ...............................................

**e)** Ber**g** → ...............................................

**f)** Ra**t** → ...............................................

**g)** Halsschla**g**ader → ...............................................

**h)** Sie**b** → ...............................................

**i)** Ba**d** → ...............................................

**j)** Tip**p** → ...............................................

# s-Laute (s/ss/ß)

INFO

Wenn ein **s-Laut gesummt, also stimmhaft** ausgesprochen wird, schreibst du ein einfaches *s* (*Vase*). Ein **scharf gesprochenes, stimmloses s** schreibst du in der Regel nur dann mit einfachem *s*, wenn bei der **Verlängerungsprobe** ein **stimmhaftes s** vorkommt: *das Gras → die Gräser.*

Nach einem **kurz gesprochenen Vokal** schreibst du *ss*, wie *Klasse, unpässlich*. Allerdings musst du dir einige Ausnahmen, wie *Bus, was* und *Atlas*, merken.

**Stimmlose**, gezischte s-Laute nach einem **langen Vokal** oder nach **Doppellaut** (*-au, -äu, -ei, -eu, -ie*) schreibst du *-ß*. Zur Sicherheit machst du am besten die *Verlängerungsprobe*: *Fuß → die Füße, Gruß → grüßen*. Das *ß* wird immer stimmlos, scharf ausgesprochen.

**1. Sprich dir die längeren Wörter leise vor und finde so heraus, ob du *s* oder *ß* schreiben musst.**

**Beispiel:** *die Kreise → der Kreis*

**a)** die Dönerspie ....... e → der Dönerspie .......

**b)** flei ....... ig → der Flei .......

**c)** die Weinglä ....... er → das Weingla .......

**d)** hei ....... en → er hei ....... t

**e)** die Häu ....... er → das Hau .......

**f)** die Grö ....... e → gro .......

**g)** die Bahnglei ....... e → das Bahnglei .......

**h)** die Ma ....... e → das Ma .......

**2. Schreibe das passende Wort auf. Es enthält entweder *s, ss* oder *ß*.**

**Beispiel:** *Eine Vier ist eine ausreichende Note.*

**a)** Für die Blumenpflege brauchst du eine ....................................................... .

**b)** Das Liebespaar gibt sich einen zärtlichen ....................................................... .

**c)** Wenn man Orangen ....................................................... , erhält man Orangensaft.

**d)** Zum Geburtstag bekommt sie einen bunten ....................................................... .

**e)** Das Gegenteil von Liebe heißt ....................................................... .

**f)** Staus und Zugverspätungen sind für viele Menschen ein großes ....................................................... .

**g)** Es gibt Elektroherde und welche, die mit ....................................................... funktionieren.

HILFE

Gießkanne – Kuss – Blumenstrauß – auspresst – Hass – Gas – Ärgernis

# Verben mit s-Lauten

**INFO**

Es gibt Verben, deren **Zeitformen** (Präsens, Präteritum, Perfekt) **verschiedene s-Laute** enthalten: *essen – aß – gegessen*. Wie auch bei anderen Wörtern folgt **ss** nach einem **kurz gesprochenen Vokal**, **ß** nach einem **langen Vokal** oder einem **Doppellaut** wie *ei*.

Im Präsens fällt das *s* **der Personalendung** (*du ... st*) weg, wenn der Verbstamm auf *-ss, -s, -sch, -ß, -x* oder *-z* endet, z.B. *holen – du hol**st***, aber *mixen – du mix**t***.

**1. Bilde die Zeitformen von den Verben, die in der Tabelle stehen.**

| **Infinitiv** | **1. Person Singular Präsens** | **1. Person Singular Präteritum** | **1. Person Singular Perfekt** |
|---|---|---|---|
| messen | *ich messe* | *ich maß* | *ich habe gemessen* |
| schließen | | | |
| hassen | | | |
| gießen | | | |
| beißen | | | |
| müssen | | | |
| vergessen | | | |
| lassen | | | |
| zerreißen | | | |

**2. Bilde die 2. Person Singular Präsens von diesen Verben:**

**Beispiel:** *kochen → du kochst*

**a)** machen → du ..........................................

**b)** grüßen → du ..........................................

**c)** vergessen → du ..........................................

**d)** flitzen → du ..........................................

**e)** segeln → du ..........................................

**f)** duschen → du ..........................................

**g)** suchen → du ..........................................

**h)** rasen → du ..........................................

# chs/cks/x/gs/ks

INFO

Für den **ks-Laut** bestehen **verschiedene Schreibweisen**, du lernst sie am besten auswendig:

- ***chs*** bei folgenden Wörtern bzw. Wortstämmen: *Achse, Achsel, Büchse, drechseln, Flachs, sechs, Wachs, wachsen, wechseln* sowie bei den sechs Tieren *Dachs, Echse, Fuchs, Lachs, Luchs, Ochse.*
- ***gs*** bzw. ***cks*** wird je nach Wortstamm verwendet, z. B. *anfangs → anfangen, zwecks → Zweck.*
- ***ks*** kommt nur in wenigen Wörtern vor: *links, Keks, murksen, schlaksig.*
- ***x*** schreibst du in einigen deutschen Wörtern wie *Hexe* oder *Nixe*, ansonsten in Fremdwörtern mit der Vorsilbe *ex-* (*extra, extrem*) oder der Nachsilbe *-xis* (*Praxis*).

**1. Setze *chs, cks, x, gs* oder *ks* in die Lücken ein.**

**Beispiel:** *maximal*

| | | |
|---|---|---|
| **a)** rin ....... herum | **d)** Wa ....... | **g)** ta ....... über |
| **b)** La ....... | **e)** schla ....... ig | **h)** lin ....... |
| **c)** geradewe ....... | **f)** unterwe ....... | **i)** e ....... plodieren |

**2. Kreise alle Fehler mit dem ks-Laut ein. Schreibe den korrigierten Text in dein Heft.**

Der heutige Tag war wie verhe(k)st. Normalerweise stehe ich alltaks morgens um sechs Uhr auf, um schnurstraks zu duschen und zu frühstücken. Heute allerdings habe ich verschlafen und bin erst extrem spät aufgewacht. Flugs habe ich mich angezogen, einen Kecks gegessen und bin zur Straßenbahn gelaufen. Aber verflixt – als ich um die Ecke bog, fuhr mir die Bahn vor der Nase weg. Dann bin ich fluks nach links abgebogen, um den Bus zu erwischen. Aber was für ein Murgs! Dichtes Gedränge an der Haltestelle, aber kein Bus zu sehen. Deshalb habe ich Max, meinen älteren Bruder, angerufen, um zu fragen, ob er mich fix mit dem Auto zur Schule fahren könnte. Aber er war schon unterweks zur Arbeit, deshalb ist daraus nichts geworden.

Also musste ich zu Fuß gehen, aber 45 Minuten Fußmarsch sind auch kein Klax, vor allem, wenn man den einen oder anderen Berg hochkrachseln muss. Wäre schön, wenn man sich schnell dorthin hexen könnte, aber solche Triks kenne ich leider nicht. Schließlich bin ich mit schweißnassen Achseln eine Stunde zu spät in der Schule angekommen. Als ich extrem genervt die Tür des Klassenzimmers öffnete, feixten alle. Ich stutzte und stellte fest: Jetzt hatte ich auch noch den Klassenraum verweckselt!

# v/f/ph

**INFO**

Manche Wörter, die den **f-Laut** enthalten, schreibst du mit ***f***, z. B. *Ferien, Fahrrad, Fuß*, andere hingegen mit *v* (*Vater, Verein*).

Folgende Wortbestandteile bekommen immer ***f***: *fach (Schulfach), fern (Fernweh), frei (befreien), für (dafür).*

Mit ***v*** schreibst du viele **Fremdwörter**, so wie auch folgende Wortbestandteile: *vier- (vierfach), ver- (verlangen), vor- (Vortrag), -iv (kreativ).*

**Fremdwörter**, die aus dem **Griechischen** kommen, schreibst du oft mit ***ph***, wie etwa *Physik, Phantom.*

**1. Setze ein: *-f, -v* oder *-ph*.**

**Beispiel:** *der Fernseher*

**a)** ner .......... ig

**b)** die Zukun .......... t

**c)** die Schnee .......... locke

**d)** das .......... eilchen

**e)** der Trium ..........

**f)** das E .......... eu

**g)** das .......... ersmaß

**h)** Ha .......... er .......... locken

**i)** die .......... aser

**j)** der .......... iel .......... raß

**k)** der Apostro ..........

**l)** entlar .......... en

**2. Hier findest du Wörter, die ein ph enthalten. Trenne die Wörter mit Strichen voneinander ab und schreibe sie unten auf.**

PHYSIKER|PHILOSOPHIEPHOBIEPHLEGMATISCHPHASEPHÄNOMENPHILHAR
MONIEPHILIPPINENPHARAOPHANTOMBILDPHARMAINDUSTRIEPHYSISCH

**a)** *der Physiker* ..........

**b)** ..........

**c)** ..........

**d)** ..........

**e)** ..........

**f)** ..........

**g)** ..........

**h)** ..........

**i)** ..........

**j)** ..........

**k)** ..........

**l)** ..........



© Verlag an der Ruhr | Autorin: Alexandra Piel | ISBN 978-3-8346-3550-1 | www.verlagruhr.de

# ck/k/kk

INFO

Nach einem **lang gesprochenen Vokal** sowie nach **Umlauten** schreibst du ***k***, nie ***ck***.

Nach einem **kurz gesprochenen Vokal** steht ***ck***, aber nicht nach *-l, -m, -n* und *-r*.
Also: *Bock, hacken,* aber *Kalk, Anker.*

In **Fremdwörtern** und vielen **Lehnwörtern** gibt es kein ***ck***, sondern du schreibst ein einfaches ***k***: *Lokal, Pakt.*

Manche Fremdwörter schreibst du mit ***kk***: *Mokka, Sakko.*

**1. Setze ein: *k, kk* oder *ck*.**

**Beispiel:** *Blockschokolade kann man für Kuchenguss verwenden.*

**a)** Das Spiel dauert noch 30 Se ....... unden.

**b)** Fatima hat früher in Maro ....... o gewohnt.

**c)** Möchtest du auch noch ein Stü ....... chen Spe ....... oder lieber etwas anderes Le ....... eres?

**d)** Mein A ....... u ist leer, ich rufe dich später zurü ....... .

**e)** A ....... ordarbeit ist für die meisten Menschen sehr stressig.

**f)** Er klopft mit den Fingern den Ta ....... t dazu.

**g)** Ich habe heute ein Pa ....... et und zwei Pä ....... chen für Sie!

**h)** In einer Di ....... tatur werden die Menschen oft unterdrü ....... t.

**2. Setze das passende Wort mit *kk* ein. Achtung: Es bleiben drei Wörter übrig.**

Akkumulation – Akkordeon – Sukkulenten – Mokka – Chanukka – Okkultismus – Akkusativ – Okkupation – Akkreditierung

**a)** Beschäftigung mit übersinnlichen Dingen: ..........................................

**b)** jüdisches Lichterfest: ..........................................

**c)** Wen-Fall in der deutschen Sprache: ..........................................

**d)** Kaffeegetränk: ..........................................

**e)** Musikinstrument: ..........................................

**f)** Besatzung eines anderen Landes: ..........................................

# z/tz

**INFO**

Auf einen **kurz gesprochenen** Vokal folgt in der Regel ***tz***, denn das *z* wird nur in ganz wenigen Wörtern (meist Fremdwörtern, z. B. *Pizza*) verdoppelt.

Bei Verben, deren Stamm auf *-tz* oder *-z* endet, fällt das *-s* in der **2. Person Singular Präsens** weg: *du würzt, du schmatzt.*

**1. Hier findest du viele Wörter mit *tz* oder *z*. Präge dir jeweils das Wort in der linken Spalte gut ein. Decke es dann ab und schreibe es aus dem Kopf in die rechte Spalte. Wenn du alle Wörter notiert hast, überprüfst du deine Rechtschreibung.**

| jetzt | | Arzt | |
|---|---|---|---|
| platzen | | Fetzen | |
| Satz | | Gewürz | |
| motzen | | plötzlich | |
| Wurzel | | Glatze | |
| schmatzen | | Kerze | |
| schmelzen | | Warze | |
| Tatze | | Hetze | |

**2. Setze *tz* oder *z* in die Lücken ein.**

**a)** Anrei ..........
**b)** gei .......... ig
**c)** Hi .......... e
**d)** ki .......... eln
**e)** Gren .......... e
**f)** Noti ..........
**g)** Wur .......... el
**h)** schwa .......... en
**i)** Bundeskan .......... lerin
**j)** Wi ..........
**k)** Her ..........
**l)** pu .......... en

**3. Schreibe die 2. Person Präsens Singular der folgenden Verben auf.**

**Beispiel:** *flitzen* → *du flitzt*

**a)** stürzen → ..................................................
**b)** tanzen → ..................................................
**c)** reizen → ..................................................
**d)** sitzen → ..................................................
**e)** putzen → ..................................................
**f)** schwitzen → ..................................................

© Verlag an der Ruhr | Autorin: Alexandra Piel | ISBN 978-3-8346-3550-1 | www.verlagruhr.de

# Gemischte Übungen zu verwechselbaren Lauten

**1. Übe die Schreibweise folgender Wörter mit einem Würfeldiktat. Wenn du z. B. eine Vier würfelst, prägst du dir ein Wort aus der Spalte 4 ein. Decke die Tabelle dann mit einem Blatt Papier ab und schreibe den Begriff aus dem Gedächtnis auf. Kontrolliere, ob du es richtig geschrieben hast. Streiche dann das Wort in der Tabelle durch. Würfle wieder und wähle erneut ein Wort aus. Übe so lange, bis du aus einer Spalte alle Wörter geschrieben hast.**

| ⚀ | ⚁ | ⚂ | ⚃ | ⚄ | ⚅ |
|---|---|---|---|---|---|
| Mai | extrem | Moor | Wachs | Verschluss | blindlings |
| Laich | ringsherum | Teer | tagsüber | lässig | verhext |
| Waise | Klecks | Saat | Mucks | Maus | Wachstum |
| Taifun | boxen | Kaffee | halbwegs | Fußball | Keks |
| Medaille | verknacksen | Paar | Ochse | Urlaubsgruß | verwechseln |
| Mais | Lachs | Boot | schlaksig | Bus | hinterrücks |
| Refrain | allerdings | Aas | Galaxis | Spaß | Achsel |

**2. Korrigiere die Fehler mit den leicht verwechselbaren Lauten. Schreibe den Text danach in dein Heft.**

In den lezten pahr Tagen hat es stendig geregnet. Man kann gar nicht mer draussen sizen oder spilen, das ist wircklich schade. Deßhalb habe ich angefangen, zu baßteln und mit Farben zu eksperimentieren und zu kleksen. So entstehen heufig tolle Gemälde, die extrafagant und interesand aussehen. Manchmal koche ich auch mit meiner elteren Schwester zusammen. Wir probiren neue Rezepte aus, am liepsten für Aufleufe und Pastagerichte.

**3. Unterstreiche die korrekte Schreibweise, die falsch geschriebenen Wörter kannst du durchstreichen.**

**Beispiel:** ~~Packet~~ – ~~Pakket~~ – Paket

**a)** Reißverschluss – Reissverschluß – Reißverschluß

**b)** flux – fluks – flugs

**c)** Perchen – Pärchen – Pährchen

**d)** Marokko – Maroko – Marocko

**e)** sechsisch – sächsisch – säksisch

© Verlag an der Ruhr | Autorin: Alexandra Piel | ISBN 978-3-8346-3550-1 | www.verlagruhr.de

# Fremdwörter

# Besonderheiten der Schreibung

INFO

Je nachdem, aus welcher Sprache ein **Fremdwort** kommt, hat es oft bestimmte Rechtschreibmerkmale:

- aus dem **Lateinischen**: *-ismus, -tion, -ieren, -iv, kom-, konter-*
- aus dem **Griechischen**: *th, ph, rh, y, -ik, -logie, -nomie*
- aus dem **Französischen**: *-eur, -euse, -eau, -age, -é, -oi-*
- aus dem **Italienischen**: *-cch, -zz, -gh*

**1. Ordne die Fremdwörter nach ihrer Herkunftssprache in die Tabelle ein. Ergänze auch den Artikel. Markiere die für die jeweilige Sprache typischen Buchstabenkombinationen.**

~~Toilette~~ – Spaghetti – Zucchini – Niveau – reparieren – Autonomie – Physik – Pizza – Fritteuse – Friseur – Biologie – Nation – Rhythmus – kommunal – Plateau – kooperieren – Sympathie – Ingenieur – Alphabet – Latte macchiato – auditiv

| Latein | Griechisch | Französisch | Italienisch |
|---|---|---|---|
| | | *Toilette* | |
| | | | |
| | | | |
| | | | |
| | | | |
| | | | |
| | | | |

**2. Sammle Wörter mit folgenden Bestandteilen:**

**a)** ION: *Operation,* ....................

**b)** IEREN: ....................

**c)** EUR: ....................

**d)** LOGIE: ....................

# Langes i: i/ie

INFO

In **Fremdwörtern** kommt häufig ein **langer i-Laut** vor.
Mit ***ie*** schreibst du die Endungen *-ieren* (Verben: *spazieren*) und *-ie* (Nomen: *Autonomie*).

Ein einfaches ***i*** steht in Nomen mit folgenden Endungen: *-ine*, z. B. *Mandarine*, *-ion*, z. B. *Information*, und *-in*, z. B. *Benzin*.

**1. Viele Verben, die aus anderen Sprachen kommen, enden auf *-ieren*. Finde zu jedem der Buchstaben so viele Verben wie möglich.**

**Beispiel:** *R: regieren, rasieren, rebellieren ...*

**a)** B: ..........

**b)** D: ..........

**c)** F: ..........

**d)** G: ..........

**e)** K: ..........

**f)** M: ..........

**g)** P: ..........

**h)** S: ..........

**2. Viele Nomen aus anderen Sprachen enden auf *-ie*. Wenn du daraus jedoch Adjektive bildest, fällt das *-e* weg. Schreibe das jeweilige Adjektiv auf.**

**Beispiel:** *die Biologie → biologisch*

**a)** die Melodie → ..........

**b)** die Geometrie → ..........

**c)** die Philosophie → ..........

**d)** die Ironie → ..........

**e)** die Allegorie → ..........

**f)** die Sympathie → ..........

# Wörter auf -ine/-in und -ion

**1. Markiere die Wörter mit *-ine/-in* im Rätselgitter. Du findest hier waagerecht, senkrecht und diagonal 18 Wörter. Schreibe die gefundenen Begriffe in dein Heft.**

| B | U | Y | T | L | E | U | G | X | D | I | V | D | T | I | Z | M |
|---|---|---|---|---|---|---|---|---|---|---|---|---|---|---|---|---|
| **M** | **A** | **S** | **C** | **H** | **I** | **N** | **E** | K | R | G | I | U | R | P | U | A |
| A | N | E | R | G | R | T | I | G | A | I | T | L | O | I | G | R |
| N | I | K | T | I | M | I | E | A | I | B | R | I | S | N | E | G |
| D | A | Z | A | L | A | E | D | R | S | C | I | F | I | G | D | A |
| A | L | G | O | N | C | H | A | D | I | H | N | N | N | U | A | R |
| R | T | A | Z | L | T | R | D | I | N | U | E | M | E | I | E | I |
| I | U | F | W | U | Z | I | R | N | E | I | O | T | Z | N | G | N |
| N | G | I | R | I | O | P | N | E | G | E | L | A | T | I | N | E |
| E | I | N | N | B | N | I | O | E | L | U | P | I | R | O | P | R |
| F | V | R | U | E | W | E | Z | T | U | R | B | I | N | E | Y | W |
| T | T | E | A | D | I | P | O | A | Z | I | K | G | A | G | R | R |
| A | D | Z | S | T | R | E | T | R | O | U | T | I | N | E | K | U |
| R | U | V | I | T | A | M | I | N | G | A | E | O | D | W | D | B |
| F | M | F | U | M | A | N | D | O | L | I | N | E | T | X | E | I |
| E | T | T | R | I | C | H | M | I | F | T | R | U | Z | I | W | N |

**2. Welche Wörter auf *-ion* und *-in* sind hier gemeint? Damit es etwas einfacher für dich wird, ist jeweils der Anfangsbuchstabe fett gedruckt.**

**Beispiel:** *a**K**troni* → <u>*Karotin*</u>

**a)** o**D**iixn → ..................................................

**b)** eibl**R**leon → ..................................................

**c)** ne**P**irla → ..................................................

**d)** nri**S**dae → ..................................................

**e)** or**F**iautsrtn → ..................................................

**f)** **S**ieptnener → ..................................................

**g)** ge**R**ino → ..................................................

**h)** uge**A**ibner → ..................................................

**i)** a**M**rnie → ..................................................

**j)** d**A**tdioin → ..................................................

**k)** li**V**nioe → ..................................................

**l)** naprei**O**to → ..................................................

# Wörter mit th/rh/ph/gh

**INFO**

Aus der griechischen, der lateinischen und der italienischen Sprache sind viele **Fremdwörter** mit den Lautverbindungen *th, rh, ph* und *gh* in unsere Sprache gekommen.

Wenn sich Fremdwörter durch häufige Verwendung zu **Lehnwörtern** entwickeln, gibt es zwei Schreibmöglichkeiten: die fremdsprachige und eine eingedeutschte Fassung: *Photographie – Fotografie, Katarrh – Katarr, Spaghetti – Spagetti.* Im Zweifelsfall schaust du am besten in einem Wörterbuch nach.

**1. Schreibe die rückwärtsgeschriebenen Wörter richtig auf.**

**Beispiel:** *EIPAREHT – Therapie*

**a)** OTTEHG → ..........

**b)** TLAHPSA → ..........

**c)** KIROTEHR → ..........

**d)** EIPAREHTOISYHP → ..........

**e)** AMUEHR → ..........

**f)** KISYHP → ..........

**g)** KEHTOILBIB → ..........

**h)** HTNIRYBAL → ..........

**i)** EÄHPORT → ..........

**2. Welches Fremdwort mit *th* passt jeweils zu der Erklärung?**

**Beispiel:** *Hiermit misst man die Temperatur: Thermometer*

**a)** Inhalt/Sachgebiet eines Textes: ..........

**b)** Das Gegenteil von Praxis: ..........

**c)** Opern- oder Schauspielhaus: ..........

**d)** Wissenschaft der Religionen: ..........

**HILFE**

Theologie – Theater – Thema – Theorie

# Anglizismen

**INFO**

Fremdwörter aus dem **Englischen** stammen oft aus „modernen" Lebensbereichen, wie Sport, Jugend, Technik. Sie werden meist ganz anders geschrieben, als man sie ausspricht:

- Was wie langes *i* klingt, wird häufig ***ee*** oder ***ea*** geschrieben: *Teenager, Jeans.*
- Was wie *ei* klingt, wird häufig als ***y*** oder ***i*** geschrieben: *Recycling, live.*

**1. Schreibe die Verben auf, die du in diesem Silbenrätsel findest. Sie sind im Infinitiv angegeben.**

boar – brain – cen – celn – chat – chil – cy – den – ken – len – len – li – mai – men – out – ~~pen~~ – pen – re – ~~shop~~ – ska – sky – stor – snow – sour – ten – ten

**Beispiel:** *shoppen*

**a)** ..........  **f)** ..........

**b)** ..........  **g)** ..........

**c)** ..........  **h)** ..........

**d)** ..........  **i)** ..........

**e)** ..........  **j)** ..........

**2. Finde den passenden Anglizismus zu den Erklärungen.**

**Beispiel:** *Pauschalpreis, in dem alle Kosten enthalten sind: all-inclusive*

**a)** Tourist, der mit einem Rucksack reist: ..........

**b)** Auswahlverfahren bei Bewerbungen: ..........

**c)** Mehrere Menschen teilen sich gemeinsam ein Auto: ..........

**d)** Täglich ausgestrahlte Fernsehserie: ..........

**e)** Laden, in dem reduzierte Ware verkauft wird: ..........

**f)** Bringdienst, z. B. vom Parkplatz zum Flughafen: ..........

**g)** Besuch in Sauna und Schwimmbad: ..........

**HILFE**

Assessment-Center – Daily Soap – Backpacker – Wellness – Shuttleservice – Outlet – Carsharing

# Sprachliche Zweifelsfälle

# Zeit/zeit, Dank/dank und andere Beispiele

INFO

**Nomen** schreibst du **groß**. Es gibt aber einige Wörter, die sowohl **Nomen** als auch eine **andere Wortart** sein können.

Dazu gehören beispielsweise **Präpositionen** wie *dank, zeit, laut* und *kraft*, die **kleingeschrieben** werden.

**1. Setze jeweils das richtige Wort in die Lücke ein.**

**Beispiel:** *Neuerdings ist das Fußballspielen laut der Schulordnung auf dem Flur verboten.*
*Für den Laut ks gibt es verschiedene Schreibmöglichkeiten.*

**a)** zeit/Zeit

Ich hätte gern mehr ................................................, um mich mit meinen Freunden zu treffen.

Meine Oma war ................................................ ihres Lebens ein zufriedener Mensch.

**b)** laut/Laut

Ich habe gelesen, dass der Kuchen ................................................ Rezept eine Dreiviertelstunde im Backofen bleiben muss.

Ch ist ein ................................................, der für manche Ausländer schwierig auszusprechen ist.

**c)** kraft/Kraft

Bis zum Schuljahresende brauche ich noch viel ................................................ zum Lernen.

Der Bürgermeister stoppte das umstrittene Bauvorhaben ................................................ seines Amtes.

**d)** dank/Dank

Vielen ................................................ für deinen lieben Brief!

Nur ................................................ meiner besten Freundin habe ich die Prüfung bestanden.

**e)** trotz/Trotz

Leider können wir heute ................................................ des guten Wetters nicht in den Park gehen, weil wir zu viele Hausaufgaben aufhaben.

Aus ................................................ habe ich ihn nicht mehr angerufen.

**2. Schreibe in deinem Heft selbst Sätze auf wie in Aufgabe 1. In einem Satz sollte das Nomen, im anderen die Präposition stehen.**

# dass oder das (1/2)

INFO

Die **Konjunktion *dass*** benutzt man zur **Einleitung eines Nebensatzes**. *Dass* steht häufig nach Verben des Hoffens, Sagens, Meinens: *Er denkt, dass er es nicht mehr schafft.*
Ein Satz kann auch mit einem von der Konjunktion *dass* eingeleiteten Nebensatz beginnen: *Dass ich morgen keine Zeit habe, weiß ich jetzt schon.*

***Das*** hat drei Funktionen: **bestimmter Artikel** (***das*** *Kind*), **Relativpronomen** (Das *Buch*, ***das*** *ich lese* ...) und **Demonstrativpronomen**, also als Ersatz von es: **Das** *stimmt nicht.* Anstelle von *das* kannst du auch *dieses, jenes* oder *welches* einsetzen.

**1. Relativsätze beschreiben einen Gegenstand oder eine Person näher. Erkläre die folgenden Begriffe mit einem Relativsatz, der das Pronomen *das* enthält.**

**Beispiel:** *Ein Sofa ist ein Möbelstück, das bei den meisten Menschen im Wohnzimmer steht.*

**a)** Äpfel sind ein Obst, das ................................................ .

**b)** Eine U-Bahn ist ein Fahrzeug, ................................................ .

**c)** Ein Frosch ist ein Tier, ................................................ .

**d)** Möhren sind ein Gemüse, ................................................ .

**e)** Spanien ist ein Urlaubsland, ................................................ .

**f)** Cola ist ein Getränk, ................................................ .

**2. Ergänze die *dass*-Sätze.**

**Beispiel:** *Wir hoffen, dass wir zu eurer Party kommen können.*

**a)** Sarah glaubt nicht, ................................................ .

**b)** Wir haben darüber gesprochen, ................................................ .

**c)** Ich habe geträumt, ................................................ .

**d)** In der Sendung habe ich gehört, ................................................ .

**e)** Mein Vater meint, ................................................ .

**f)** Simone hat so viel gelernt, ................................................ .

# dass und das (2/2)

**3. Setze *das* oder *dass* in die Lücken ein.**

**Beispiel:** *Ich freue mich, dass du mich besuchst.*

**a)** ........................ Kleid, ........................ du dir gekauft hast, gefällt mir gut.

**b)** Ich weiß nicht, ob ich ........................ bis morgen schaffe.

**c)** ........................ es heute so kalt ist, hätte ich nicht gedacht.

**d)** Ich habe ........................ nicht verstanden.

**e)** Carina hofft, ........................ sich ........................ häufige Üben für die Mathearbeit auszahlt.

**f)** So, wie ........................ bis jetzt läuft, wird ........................ nie was!

**g)** Kannst du mir ........................ Geld, ........................ ich dir geliehen habe, bis Mittwoch zurückgeben?

**h)** Manchmal lohnt es sich, darauf zu warten, ........................ sich ein Problem, ........................ einem ........................ Leben schwer macht, von selbst löst.

**i)** ........................ Bild, ........................ meine Freundin gemalt hat, gefällt mir besser als ........................, ........................ ich gemalt habe.

**j)** Weißt du, ........................ ich morgen arbeiten muss?

**4. Ordne die Wörter so, dass ein sinnvoller Satz entsteht. Das erste Wort ist jeweils fett gedruckt. Setze jeweils an der richtigen Stelle ein Komma ein.**

**Beispiel:** *Mädchen das wohnt Bayern nebenan aus* ***Das*** *kommt*
→ *Das Mädchen, das nebenan wohnt, kommt aus Bayern.*

**a)** noch wusste du eine **Ich** Haustier dass gar als nicht Schildkröte hast.

.............................................................................................................................

**b)** ein **Dass** gedacht so nicht Reiten teures ist ich Hobby hätte.

.............................................................................................................................

**c)** tut **Mir** auf es so mich leid du dass musstest lange warten.

.............................................................................................................................

**d)** das du findest Buch bekommen **Wie** das Geburtstag du zum hast?

.............................................................................................................................

# Konjunktion oder nicht?

INFO

Die folgenden Wörter/Wortgruppen lauten zwar gleich, erfüllen aber unterschiedliche grammatikalische Funktionen im Satz.

- **In einem Wort** geschrieben, handelt es sich um **Konjunktionen**, die einen Nebensatz einleiten, z. B. *solange, indem.*
- **Zwei Wörter** schreibst du, wenn es sich um **Adverbien** (*so oft, so lange*) bzw. **Präposition** und **Artikel** (*seit dem, nach dem, in dem*) handelt.

**1. Setze die richtige Form in den Lücken ein.**

**Beispiel:** *solange/so lange → Solange du in der Mannschaft spielen willst, musst du regelmäßig zum Training kommen. Ich habe keine Lust, immer so lange auf dich zu warten.*

**a)** sofern/so fern

Du musst dich rechtzeitig anmelden, .................................. du mitkommen willst.

Die Erinnerung an meine Grundschulzeit liegt mir schon .................................. .

**b)** sowie/so wie

.................................. ich fertig bin, können wir gehen.

Ich habe .................................. du keine Lust, die Hausaufgaben zu machen.

**c)** nachdem/nach dem

.................................. ich eine Kleinigkeit gegessen habe, treffe ich mich mit meiner Freundin.

.................................. Fußballturnier gibt es noch eine Siegerehrung.

**d)** seitdem/seit dem

.................................. 10. Januar besucht Alina den Ballettunterricht.

.................................. meine Freundin die Schule gewechselt hat, sehen wir uns viel seltener.

**e)** indem/in dem

Die Musikschule befindet sich .................................. Haus neben der Feuerwehr.

Am besten lernt man das Kochen, .................................. man verschiedene Rezepte ausprobiert.

**f)** solange/so lange

.................................. du nachmittags Unterricht hast, kannst du nicht zum Training gehen.

Im Supermarkt dauert das Warten an der Kasse jedes Mal .................................. .

# miss- und -nis

INFO

Die Vorsilbe *Miss-/miss* schreibst du immer mit ***ss***: *Missgeschick, missverstehen.*

Die Endung *-nis* heißt im Plural *-nisse*: *Geheimnis → Geheimnisse.*

**1. Bilde passend zu den Ausgangswörtern Nomen mit *-nis*. Trage auch die Pluralform (*-nisse*) in die Tabelle ein.**

| Ausgangswort | Nomen im Singular | Nomen im Plural |
|---|---|---|
| geheim | *Geheimnis* | *Geheimnisse* |
| erleben | | |
| gefangen | | |
| kennen | | |
| erlauben | | |
| hindern | | |
| gestehen | | |

**2. Ersetze jeweils das fett gedruckte Wort durch ein Synonym (= ein Wort mit gleicher Bedeutung). Es soll auf *-nis/-nisse* enden.**

**a)** Das deutsche Team hat gute **Resultate** (= ........................................................) erzielt.

**b)** Auf diesem Friedhof finden keine **Beerdigungen** (= ........................................................) mehr statt.

**c)** Die Fußball-WM ist ein wichtiges **Sportevent** (= ........................................................).

**d)** Die beiden haben ein **Kommunikationsproblem** (= ........................................................).

**e)** Mitten im Wald herrscht tiefe **Dunkelheit** (= ........................................................).

HILFE

Finsternis – Ergebnisse – Begräbnisse – Ereignis – Missverständnis

**3. Welche Wörter ergeben mit der Vorsilbe Miss-/miss- ein sinnvolles neues Wort? Schreibe sie in dein Heft. Achte dabei auf die Groß- und Kleinschreibung. Ergänze bei den Nomen den Artikel.**

MASSE – ACHTUNG – BILDUNG – FALLEN – TRACHT – GUNST – VERSTÄNDNIS – TRAUEN – GRIFF – BILLIGEN – GÖNNEN – GEHEN – BANK – ERFORDERN

# ur-, -tum, -sal, -bar, -sam

**INFO**

Die **Vokale** in der Vorsilbe *-ur* sowie in den Nachsilben *-tum, -sal, -bar* und *-sam* sprichst du **lang**. Hier steht aber **kein** Dehnungs-h (*Urmensch, Reichtum, Schicksal, unsichtbar, einsam*).

Wörter mit *-sal* und *-tum* schreibst du immer groß, Wörter mit *-bar* und *-sam* werden als Adjektive kleingeschrieben, bei *ur-* gibt es beide Möglichkeiten.

**1. Erstelle Wortsterne. Ergänze dazu die Silben *ur, tum, sal, bar* und *sam* zu Wörtern. Lege ein DIN-A4-Blatt quer vor dich hin und schreibe die Silben in die Mitte. Rahme sie jeweils mit einem Kreis ein. Ziehe dann von dem Kreis aus Striche in alle Richtungen und notiere zu jedem Strich ein Wort, das sich mit dieser Silbe bilden lässt. Wie das aussehen kann, zeigt das Beispiel unten.**

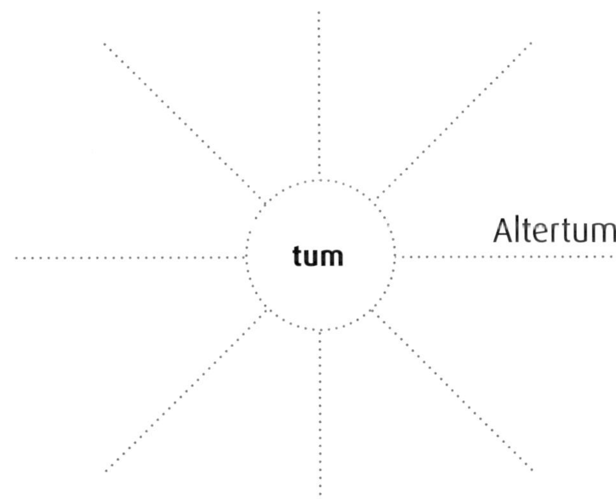


**2. Markiere die Wörter in der Wortschlange durch senkrechte Striche und schreibe sie in dein Heft. Achte dabei auf die Groß- und Kleinschreibung.**

URWALDFÜRSTENTUMRINNSALMÜHSALCHRISTENTUMWACHSTUMDEHNBAR
DANKBARJUDENTUMSCHEUSALARBEITSAMURGEMÜTLICHURSPRUNGFURCHT
BARMACHBARURALTURSPRÜNGLICHLANGSAMALTERTUMSELTSAM

# Schwierige Wörter

INFO

Bei manchen Wörtern ist die Rechtschreibung richtig tückisch. Überlege, ob du sie von anderen Wörtern herleiten kannst – oft geht das leider nicht.

Am besten legst du dir mit den Wörtern von dieser Seite und anderen schwierigen Fällen eine Lernkartei an.

**1. Kreuze die richtige Schreibweise an.**

| | | | |
|---|---|---|---|
| **a)** | ☐ agressiv | ☒ aggressiv | ☐ aggresiv |
| **b)** | ☐ gefehrlich | ☐ gefärlich | ☐ gefährlich |
| **c)** | ☐ das Karussell | ☐ das Karussel | ☐ das Karrusell |
| **d)** | ☐ der Reisverschluss | ☐ der Reißverschluß | ☐ der Reißverschluss |
| **e)** | ☐ nämlich | ☐ nemlich | ☐ nähmlich |
| **f)** | ☐ akkurat | ☐ ackurat | ☐ akurat |
| **g)** | ☐ das Schicksaal | ☐ das Schicksal | ☐ das Schicksahl |
| **h)** | ☐ der Rhababer | ☐ der Rhabarber | ☐ der Rabarber |
| **i)** | ☐ die verwandtschaft | ☐ die Verwandschaft | ☐ die Verwandtschaft |

**2. Setze die folgenden Wörter in eine passende Lücke ein.**

Reparatur – Katastrophe – Akustik – Platzierung – Adresse – Milliarde – Paket – Rhythmus – Interesse – Turnier – Saiten

**a)** Hier ist die .......................................... leider nicht besonders gut, man muss sehr laut sprechen.

**b)** Für das Projekt ist eine .......................................... Euro eingeplant.

**c)** Das Erdbeben war eine schwere .......................................... .

**d)** Bitte schicken Sie das .......................................... an die .......................................... meiner Firma.

**e)** Der .......................................... von dieser Musik gefällt mir gut.

**f)** Nach dem Unfall muss das Auto zur .......................................... in die Werkstatt.

**g)** Die Impressionismus-Ausstellung fand großes .......................................... bei den Besuchern.

**h)** Unsere Mannschaft freut sich über die gute .......................................... bei dem .......................................... .

**i)** Gitarren und Geigen gehören zu den .......................................... instrumenten.

# -and oder -ant (1/2)

INFO

Hauptsächlich zwei Arten von Wörtern enden auf ***-ant***: aus Fremdsprachen stammende **Nomen**, mit denen **Personen bezeichnet** werden, z. B. *Gratulant* oder *Spekulant*, sowie zahlreiche **Adjektive**, die von **Fremdwörtern abgeleitet** werden, wie *relevant* oder *provokant*.

Die Endungen *-and* und *-ant* sind akustisch nicht voneinander zu unterscheiden. Wenn du das Wort **verlängerst**, kannst du aber heraushören, ob du am Ende *-d* oder *-t* schreiben musst; nur wenige Nomen, die Personen bezeichnen, schreibt man mit *-d*, z. B. *der Konfirmand – die Konfirmandin.*

**1. Mit der Endung *-and* gibt es viele Reimwörter, wie *Stand* und *Wand*.**
**Finde mindestens fünf weitere Nomen als Reimwörter.**

..........

..........

**2. Es gibt viele Nomen mit der Endung *-ant*, die Personen bezeichnen.**
**Wie nennt man folgende Personen?**

**Beispiel:** *jemand der Waren bringt: Lieferant*

**a)** jemand, der aus einem anderen Land eingewandert ist: ..........

**b)** jemand, der eine Fabrik besitzt: ..........

**c)** jemand, der gegen etwas protestiert: ..........

**d)** jemand, der sich als Fußgänger bewegt: ..........

**e)** jemand, der Kunde eines Rechtsanwalts ist: ..........

HILFE

Passant – Migrant – Mandant – Fabrikant – Demonstrant





© Verlag an der Ruhr | Autorin: Alexandra Piel | ISBN 978-3-8346-3550-1 | www.verlagruhr.de

# -and oder -ant (2/2)

**3. Finde verlängerte Formen (z. B. den Plural) der folgenden Wörter, um herauszufinden, ob sie auf *-and* oder *-ant* enden.**

**a)** Emigr .............. (.........................................) **c)** Doktor ............ (.........................................)

**b)** Musik .............. (.........................................) **d)** Sympathisa ............ (.........................................)

**4. Hier stehen zahlreiche Adjektive auf *-ant*. Ordne die passende Bedeutung mit Pfeilen zu.**

| | |
|---|---|
| penetrant | überflüssig |
| militant | sehr höflich, aufmerksam |
| arrogant | außerordentlich |
| kulant | konfliktbeladen, umstritten |
| charmant | liebenswürdig |
| brisant | im Geschäftlichen sehr entgegenkommend |
| galant | unangenehm, aufdringlich |
| redundant | kämpferisch |
| exorbitant | überheblich, anmaßend |
| markant | charakteristisch, stark ausgeprägt |

**5. Welche weiteren Adjektive auf *-ant* kennst du? Schreibe sie auf.**

.......................................................................................................

.......................................................................................................

.......................................................................................................

.......................................................................................................

# seid oder seit

INFO

Die Form ***seid*** ist die 2. Person Plural vom **Verb** *sein*, also *ihr* ***seid***.

Dagegen ist ***seit*** eine Zeitangabe, mit der die Dauer einer Handlung ausgedrückt wird.

***Seit*** kann entweder eine **Präposition** (***Seit*** *drei Jahren geht er auf unsere Schule*) oder eine **Konjunktion** sein, die einen Temporalsatz einleitet (*Er geht auf unsere Schule,* ***seit*** *er in Dortmund wohnt*).

**1. Schreibe auf, um welche Wortart es sich bei dem fett gedruckten Wort handelt.**

**Beispiel:** *Ihr* ***seid*** *meine besten Freunde. → Verb*

**a)** **Seid** ihr alle da? → ..........

**b)** Ich fühle mich viel besser, **seit** ich zum Frühstück Müsli esse. → ..........

**c)** **Seit** ich mit meinem Freund zusammen bin, gehe ich auch ins Stadion. → ..........

**d)** Wenn ihr fertig **seid**, könnt ihr mit der nächsten Aufgabe anfangen! → ..........

**e)** **Seit** einer Woche habe ich keine Schokolade mehr gegessen. → ..........

**f)** Weißt du noch, **seit** wann ich im Basketballverein bin? → ..........

**2. Setze das richtige Wort ein: *seid/Seid* oder *seit/Seit*.**

**Beispiel:** *Seit letzter Woche bin ich erkältet.*

**a)** Manchmal .......... ihr ganz schön nervig.

**b)** Wann .......... ihr wieder zu Hause?

**c)** .......... sie regelmäßig joggt, ist sie viel fitter geworden.

**d)** Euer Mathelehrer beschwert sich, weil ihr zu laut .......... .

**e)** ..........gestern habe ich ein neues Fahrrad.

**f)** Bitte.......... mir nicht böse!

**g)** Meine Schwester wohnt .......... drei Jahren in einer eigenen Wohnung.

**h)** .......... Saskia einen Hund hat, muss sie jeden Morgen mit ihm spazieren gehen.

# Tod oder tot

**INFO**

Du schreibst in der Regel die Vorsilbe ***tod***, wenn das **Grundwort ein Adjektiv** ist: *todernst, todmüde*. Auch **Nomen** erhalten oft die Silbe *tod* (*Todfeind*).

Die Vorsilbe ***tot*** verwendest du, wenn das **Grundwort ein Verb** ist: *sich totlachen, totschlagen*.

**1. Setze *d* oder *t* in die Lücke ein.**

**Beispiel:** *todtraurig*

**a)** to .......... fahren

**b)** to .......... schweigen

**c)** Unfallto ..........

**d)** to .......... sicher

**e)** To .......... schlag

**f)** To .......... sünde

**g)** To .......... feind

**h)** tö .......... lich

**i)** sich to .......... stellen

**j)** to .......... müde

**k)** Freito ..........

**l)** sich to .......... ärgern

**m)** To .......... gesagte

**n)** to .......... bringend

**2. Ordne die Wörter aus Aufgabe 1 in diese Tabelle ein.**

| Tod/tod | Tot/tot |
|---|---|
| | *totfahren* |
| | |
| | |
| | |
| | |
| | |
| | |



© Verlag an der Ruhr | Autorin: Alexandra Piel | ISBN 978-3-8346-3550-1 | www.verlagruhr.de

# ent- oder end-

INFO

Du schreibst die Vorsilbe ***end-***, wenn sich das Wort auf **Ende** bezieht, wie *unendlich = ohne Ende, Endspiel = das letzte Spiel* bzw. *Ende eines Wettbewerbs.*

Wenn es **nicht** die Bedeutung von **Schluss** hat, schreibst du ***ent-*** wie bei *Entscheidung* oder *entlasten.*

**1. Schreibe die Wörter mit *ent-* oder *end-* auf, die sich in diesem Silbenrätsel befinden. Entscheide dabei, ob ein Wort mit einem kleinen oder großen Buchstaben beginnt.**

END – END – END – END – ~~END~~ – END – ENT – ENT – ENT – ENT – DI – ~~FAS~~ – GUNG – HAL – KOM – LE – LETZT – LICH – LICH – LICH – LOS – MEN – SCHUL – SETZ – SPURT – ~~SUNG~~ – STEL – TÄUSCHT – TE

Endfassung, ....................................................................................................

....................................................................................................

....................................................................................................

**2. Setze passende Wörter mit *ent-* in die Lücken ein.**

**a)** Die Diebe sind den Polizisten .......................................... .

**b)** Dieser Pudding .......................................... sehr viel Zucker.

**c)** Es gab ein .......................................... Gewitter, bei dem die Feuerwehr ausrücken musste.

**d)** Bei einer .......................................... wird versucht, Lösegeld zu erpressen.

**e)** Die Firma muss einige Mitarbeiter .......................................... .

**f)** Julia .......................................... sich bei ihrer Lehrerin für die unverschämte Bemerkung.

**g)** Viele Leute können sich beim Sport gut .......................................... .

**h)** Sie ist sehr .......................................... , weil ihr Freund ihren Geburtstag vergessen hat.

**i)** Die .......................................... zwischen Dortmund und Bochum beträgt rund 20 Kilometer.

HILFE

enthält – enttäuscht – Entfernung – entsetzliches – Entführung – entspannen – entschuldigt – entlassen – entkommen

# d oder t, dt oder tt

**INFO**

Um die richtige Schreibweise von Wörtern mit *d, t, dt* oder *tt* herauszufinden, kannst du die **Verlängerungsprobe** machen: Bilde dazu den Plural oder eine Ableitung: *Verband – Verbände, gekocht – gekochtes.*

Außerdem hilft dir die Zuordnung zu einer passenden **Wortfamilie**: *Bekanntschaft, Bekannte, Bekenntnis.*

Merke dir auch, welche Wörter mit welcher Silbe geschrieben werden: *statt/stadt, tod/tot, end/ent.*

**1. Setze den/die fehlenden Buchstaben ein: *d, t, dt* oder *tt*.**

**Beispiel:** *unentgeldlich*

**a)** er san .......... e

**b)** en .......... gültig

**c)** ihr war ..........

**d)** Verwan .......... e

**e)** Werksta ..........

**f)** Hauptsta ..........

**g)** sta .......... finden

**h)** zugewan ..........

**i)** bun ..........

**j)** en .......... senden

**k)** Versan ..........

**l)** ihr sei ..........

**m)** sta .......... geben

**n)** sta .......... lich

**2. Finde Wörter, die auf den jeweiligen Wortstamm zurückgehen. Schaue auch im Wörterbuch nach, um weitere Begriffe zu finden.**

**Beispiel:** *senden → Sender, Sendung, gesendet, versenden*

**a)** Tod → ..........................................................................................

**b)** tot → ..........................................................................................

**c)** Stadt → ..........................................................................................

**d)** statt → ..........................................................................................

**e)** Ende → ..........................................................................................

**f)** rund → ..........................................................................................



© Verlag an der Ruhr | Autorin: Alexandra Piel | ISBN 978-3-8346-3550-1 | www.verlagruhr.de

# Gleich klingende Wörter (Homophone) (1/2)

INFO

**Homophone** sind Wörter, die zwar **gleich ausgesprochen**, aber **unterschiedlich geschrieben** werden und eine **andere Bedeutung** haben: *Wal* (das Tier) und *Wahl* (politische Wahl).

Bei solchen Wörtern musst du dir je nach Bedeutung die passende Schreibweise merken, denn hier gibt es keine Hilfsmittel.

**1. Setze das richtige Wort ein.**

wahr – war – Stil – Stiel – Mine – Miene – Lied – ~~Lid~~ – Saiten – Seiten

**Beispiel:** *Das Lid ist ein Teil des Auges.*

**a)** Gestern ........................................... ein schöner Sommertag.

**b)** Eine Geige ist ein Instrument mit vier ........................................... .

**c)** Du musst den ........................................... der Rose kürzen, damit sie in die Vase passt.

**d)** Wie gefällt dir das neue ........................................... von Herbert Grönemeyer?

**e)** Ich brauche eine neue ........................................... für meinen Kugelschreiber.

**f)** Diese Lederjacke ist absolut nicht mein ........................................... !

**g)** Zieh doch nicht so eine traurige ........................................... !

**h)** Ich glaube nicht, dass das ........................................... ist, was du mir erzählst.

**i)** Wie viele ........................................... unserer Lektüre hast du schon gelesen?





© Verlag an der Ruhr | Autorin: Alexandra Piel | ISBN 978-3-8346-3550-1 | www.verlagruhr.de

# Gleich klingende Wörter (Homophone) (2/2)

**2. Erkläre, was die folgenden Wörter bedeuten. Wenn du dir unsicher bist, kannst du sie in einem Wörterbuch nachschlagen.**

**Beispiel:** *Meer – mehr* *Meer: großes Gewässer, z. B. die Nord- und Ostsee*
*mehr: Gegenteil von weniger*

**a)** Bote – Boote

Bote: ..........

Boote: ..........

**b)** dehnen – denen

dehnen: ..........

denen: ..........

**c)** malen – mahlen

malen: ..........

mahlen: ..........

**d)** lehren – leeren

lehren: ..........

leeren: ..........

**e)** Grad – Grat

Grad: ..........

Grat: ..........

**f)** Weise – Waise

Weise: ..........

Waise: ..........

# Zeichensetzung

# Bindestriche

INFO

Einen Bindestrich benutzt du, um die einzelnen Bestandteile eines zusammengesetzten Wortes **hervorzuheben**. Er hilft dabei, solche Wörter besser lesbar zu machen: *Limetten-Mango-Saft* oder *Main-Schifffahrt.*

Außerdem dient er als **Auslassungszeichen**, wenn ein Teil eines Wortes nicht wiederholt wird: *Berg- und Talfahrt, hin- und herfahren, Computerbau und -vertrieb.*

In folgenden Fällen **musst** du einen Bindestrich verwenden:

- wenn **mehrere Eigennamen** aufeinanderfolgen: *Sophie-Scholl-Gymnasium* (gibt es allerdings eine Fügung mit nur einem Namensteil, so schreibst du sie in einem Wort: *Mozartstraße, Schillerschule*),
- wenn **Einzelbuchstaben** oder **Kurzformen** verbunden werden: *F-Dur, Kfz-Papiere.*
- wenn Ziffern verbunden werden: *der 25-Jährige, 3-Zimmer-Wohnung,*
- bei vielen Anglizismen mit bestimmten Nachsilben: *Start-up.*

**1. Schreibe mit Bindestrich, wenn nötig. Achte dabei auf die Groß- und Kleinschreibung.**

**Beispiel:** *Mundzumundbeatmung* → *Mund-zu-Mund-Beatmung*

**a)** 400mlauf → ..........

**b)** COhaltig → ..........

**c)** dpameldung → ..........

**d)** 100prozentig → ..........

**e)** Einundausgang → ..........

**f)** Rembrandtplatz → ..........

**g)** xbeliebig → ..........

**2. In diesem Text fehlen neun Bindestriche. Markiere die Stellen, an denen sie fehlen.**

Eine 2fache Mutter geht mit ihren 14jährigen Zwillingssöhnen einkaufen. Beide wollen unbedingt zig Tüten Chips kaufen, doch die Mutter weist sie wütend zurecht: „Ich habe euch schon xmal gesagt, dass so viele Chips ungesund sind." Mitten in der Auseinandersetzung klingelt ihr Handy. Eine Freundin will wissen, ob sie abends mit ins Stadtmuseum kommt. Dort wird die neue ClaudeMonetAusstellung eröffnet. Die beiden verabreden sich um 19.30 Uhr an der UBahnstation MartinLuther-Platz. Während des Telefonats haben die beiden Jungen die Gelegenheit genutzt und zwei Tafeln ErdbeerJoghurt Schokolade in den Einkaufswagen gelegt.

# Apostroph

INFO

Anders als im Englischen wird das **Genitiv-s** im Deutschen direkt an das Wort angehängt, also **ohne** Apostroph: *Sandras Frisörsalon* oder *Silkes Fahrrad*.
Wenn der Name ***auf -s*** oder ***-x*** oder ***-z*** endet, lässt man das **Genitiv-s weg** und setzt stattdessen einen **Apostroph** als Auslassungszeichen: *Felix' Mutter, Magnus' Auto*.

Wenn es um **Eigennamen** geht, z. B. der *Ohm'sche Widerstand*, setzt du vor der Endung *-sche* einen Apostroph, wenn der Name betont werden soll (sonst klein und ohne Apostroph: *der ohmsche Widerstand*).

Außerdem wird der Apostroph benutzt, um **Auslassungen** zu kennzeichnen: *Wie geht's?* für *Wie geht es?* (aber auch ohne Apostroph möglich: *Wie gehts?*) oder *Ku'damm* (statt *Kurfürstendamm*, eine Straße in Berlin).

**1. Setze den Apostroph, wo er nötig ist.**

**Beispiel:** *Wie läuft's?*

**a)** Grimmsche Märchen

**b)** Bist dus?

**c)** CDs

**d)** dienstags

**e)** Bernds Eltern

**f)** Hans Chef

**g)** Brechts Dramen

**h)** Mgladbach

**2. Nur drei Apostrophe in diesem Text sind korrekt. Markiere alle falschen mit einem Rotstift.**

Für die Fahrt mit unserer Klasse zum Aasee habe ich mir Sven's Fahrrad geliehen. Erst wollte ich Nils' Rad nehmen, aber dann hat er mich abend's angerufen und gesagt, dass er es selbst braucht. Nun bin ich also endlich unterweg's und radle mit meinen Mitschülern Richtung Aasee. Leider müssen wir an einer breiten Hauptstraße entlang, wo viele Auto's fahren. Doch dann geht's nach recht's in einen Feldweg. Hier macht's viel mehr Spaß, mit dem Fahrrad zu fahren!

**3. Schreibe die falsch geschriebenen Wörter aus Aufgabe 2 in korrekter Schreibung auf.**

..........................................................................................

..........................................................................................

# Silbentrennung

INFO

Normalerweise trennst du Wörter nach ihren **Sprechsilben**: *Sa-lat, schwim-men*. Die Konsonantenverbindungen *-ch, -ck* und *-sch* werden nicht getrennt: *Fä-cher, ba-cken, Ta-sche*.

Einen **einzelnen Vokal am Wortanfang** oder **-ende** trennst du **nicht** ab. Deshalb sind manche (kurzen) Wörter untrennbar: *Abend* oder *Deo*; das gilt für diese Wörter auch in Zusammensetzungen (*Deo-rol-ler*). Sonst kann im **Wortinnern** ein einzelner Vokal abgetrennt werden: *The-a-ter*.

**Zusammengesetzte** Wörter sowie Wörter mit Vorsilben trennst du nach ihren Bestandteilen: *End-er-geb-nis*. **Achtung:** Das gilt nicht für Nachsilben – hier gilt die normale Trennung nach Sprechsilben: *Schü-le-rin*.

**Fremdwörter** können nach Sprechsilben oder den Wortbestandteilen der Herkunftssprache getrennt werden: *Sig-nal* oder *Si-gnal*.

**1. Schreibe die Begriffe mit der richtigen Worttrennung auf.**

**Beispiel:** *krachen* → *kra-chen*

**a)** Autoreifen → ..........

**b)** Partnerin → ..........

**c)** Dienstag → ..........

**d)** Oberkörper → ..........

**e)** türkisch → ..........

**f)** Taschenrechner → ..........

**g)** Tauchbecken → ..........

**h)** Fenster → ..........

**i)** Veranda → ..........

**2. Vorsicht: irreführende Silbentrennung! Welches Wort ist hier gemeint?**

**a)** Blumento-
pferde

..........

**b)** Spargel-
der

..........

**c)** Urin-
stinkt

..........

**d)** bein-
halten

..........

# Satzschlusszeichen

INFO

Am Ende eines Satzes machst du ein **Satzzeichen**, um zu verdeutlichen, dass dieser Satz beendet ist.

Satzschlusszeichen können ein **Punkt**, ein **Fragezeichen** (bei Fragen) oder ein **Ausrufezeichen** (bei Ausrufen, Aufforderungen) sein.

**1. Bilde die genannte Satzart aus den Puzzleteilen. Setze auch ein Satzschlusszeichen.**

**Beispiel:** *Basketball – seit – du – wann – spielst* → **Frage**
*Seit wann spielst du Basketball?*

**a)** Bücher – öffnet – Seite – bitte – eure – auf – 21 → **Ausruf/Aufforderung**

..............................................................................................................

**b)** Samstag – fahre – meinen – am – Köln - ich – mit – Eltern – nach → **Aussage**

..............................................................................................................

**c)** ihr – am – mit – Montagabend – kommt – Kino – ins → **Frage**

..............................................................................................................

**d)** schnell – mach – alle – Fenster – Klasse – zu – der – in → **Ausruf/Aufforderung**

..............................................................................................................

**e)** Turnhalle – in – gibt – der – es – Sportgeräte – viele → **Aussage**

..............................................................................................................

**f)** du – auch – Käse – möchtest – ein – mit – Brötchen → **Frage**

..............................................................................................................

**2. Markiere die einzelnen Wörter mit senkrechten Strichen. Schreibe den Endlostext ab und füge die nötigen Satzzeichen ein.**

Gar|nichtsoeinfachdieseAufgabeHierfindestdueinenlangenTextohneSatzzeichenEs
fehlenPunktDoppelpunktundKommaVielleichtmusstduauchnocheinFragezeichenander
passendenStelleeinsetzenImmerhinerkennstduschonanderGroßschreibungderSatzanfänge
woeinneuerSatzanfängtWennduversuchstdiesenTextohneSatzzeichenzulesenmerkstdu
wieschwierigdasistundwiewichtigSatzzeichensindSiehelfendirTextebesserzuverstehen
weilsiedasGeschriebenestrukturierenWievieleSatzzeichenhastduindiesemTexteingesetzt


© Verlag an der Ruhr | Autorin: Alexandra Piel | ISBN 978-3-8346-3550-1 | www.verlagruhr.de

# Wörtliche Rede

INFO

Wörtliche Rede machst du an ihrem **Beginn** mit **Anführungszeichen unten**, an ihrem **Ende** mit **Anführungszeichen oben** kenntlich („…").

Folgt der wörtlichen Rede ein **Redebegleitsatz** wie *sagte er*, trennt man die wörtliche Rede mit einem **Komma** ab: *„Das ist toll!", sagte er. „Was machst du morgen?", fragte sie.* Wenn der Redebegleitsatz zu Beginn steht, folgt ein **Doppelpunkt** vor der wörtlichen Rede: *Er sagte: „Das ist toll." Sie fragte: „Was machst du morgen?"* Ein Schlusspunkt für den Redebegleitsatz steht dann nicht mehr.

In der wörtlichen Rede können Fragezeichen oder Ausrufezeichen stehen. Wenn ein Redebegleitsatz folgt, gibt es aber **keinen Punkt** in der wörtlichen Rede, sondern du schließt sogleich mit einem Komma an: *„Das habe ich gemacht", sagte er.*

**1. Setze alle Satzzeichen in den Text ein. Kennzeichne auch die wörtliche Rede.**

**Das Lamm und der Wolf**

Ein Lamm stand an einem Bach und löschte seinen Durst Ein Wolf befand sich in einiger Entfernung zum Lamm aber näher an der Quelle Auch der Wolf trank von dem Wasser Kaum hatte er aber das Lämmchen erblickt schrie er Warum trübst du mir das Wasser das ich trinken will Darauf antwortete das Lamm schüchtern Wie wäre das möglich Ich stehe hier unten und du so weit oben Das Wasser fließt ja von dir zu mir Der Wolf knurrte böse Wirklich Bitte glaube mir flehte das Lamm mir käme es nie in den Sinn dir etwas Böses zu tun Ei, sieh doch rief der Wolf Du machst genau das was dein Vater vor sechs Monaten gemacht hat Und ich weiß noch genau dass du auch dabei warst Aber du konntest schnell genug entkommen als ich ihm für sein Schmähen das Fell über die Ohren zog Ach Herr flehte das ängstliche Lämmchen Ich bin ja erst vier Wochen alt und kannte meinen Vater gar nicht Er ist schon so lange tot warum soll ich nun für ihn büßen Welch Unverschämtheit rief der Wolf und fletschte die Zähne Tot oder nicht tot weiß ich doch dass euer ganzes Geschlecht mich hasst – und dafür muss ich mich rächen Ohne sich umzuschauen zerriss er das Lämmchen und fraß es auf

# Komma bei Aufzählungen

**INFO**

Bei einer **Aufzählung** trennt ein **Komma gleichrangige Wörter, Wortgruppen** oder **Teilsätze** voneinander ab:
*Ich kam, sah, siegte.*
*Ich werde heute schlafen, nicht aufräumen, kein Essen kochen.*

Vor *und* und *oder* setzt du **kein Komma**, wenn sie nur Satzteile verbinden.

Auch vor **nicht gleichrangigen Adjektiven** steht **kein Komma**: *die komplizierten physikalischen Theorien* – hier ist gemeint, dass die physikalischen Theorien kompliziert sind, nicht aber, dass die Theorien kompliziert und physikalisch sind. Das zeigt, dass die Adjektive nicht gleichrangig sind, das zweite bildet mit dem Nomen eine Einheit. Die **Gleichrangigkeit von Adjektiven** erkennst du daran, dass du *und* dazwischenstellen könntest: *der freundliche, junge Mann* – dieser Mann ist freundlich und jung.

**1. Setze alle nötigen Kommas ein.**

**a)** Das Kleid hat ein schönes Muster mit roten orangefarbenen und gelben Blüten.

**b)** In Berlin haben wir weder den Reichstag noch das Brandenburger Tor besucht, denn wir haben uns auf bedeutende Berliner Museen beschränkt.

**c)** Möchten Sie lieber einen kraftigen schwarzen Tee oder einen frischen fruchtigen Orangensaft?

**d)** Til Schweiger ist ein berühmter erfolgreicher Filmschauspieler.

**e)** Wir haben heute die Wohnung geputzt eingekauft etwas zu essen gemacht und danach gespült.

**f)** Zu der Feier kommen mein Onkel meine Tante ihre Tochter und ihr Sohn sowie auch unsere Nachbarn einige Freunde aus der Schule aber leider nicht meine beste Freundin.

**g)** Er trug einen langen weiten Mantel eine schwarze enge Hose sowie derbe schwarze Schuhe.

**2. Was ist jeweils der Bedeutungsunterschied bei den beiden Satzvarianten?**

**a)** Es gibt jetzt ein neues, benutzerfreundliches Ausleihsystem in der Bibliothek.
Es gibt jetzt ein neues benutzerfreundliches Ausleihsystem in der Bibliothek.

..........................................................................................

..........................................................................................

**b)** Auf den höher liegenden unbewaldeten Hängen liegt schon Schnee.
Auf den höher liegenden, unbewaldeten Hängen liegt schon Schnee.

..........................................................................................

..........................................................................................

# Komma bei Hauptsätzen

INFO

Zwei **gleichrangige Sätze** werden mit **Komma** abgetrennt, wenn sie nicht durch Konjunktionen wie *und, oder, sowie, entweder – oder* verbunden sind:
*Marco isst ein Brötchen, Banu trinkt ein Glas Orangensaft.*

Bei Sätzen mit *und* kannst du selbst entscheiden, ob du zur besseren Verständlichkeit ein Komma setzen möchtest. Wenn zwei Hauptsätze ein **gemeinsames Subjekt** haben, darfst du aber **kein Komma** setzen:
*Claudia kocht Spaghetti(,) und sie macht einen Salat.*
*Claudia kocht Spaghetti und macht einen Salat.*

**1. Kreuze an: Ist die Kommasetzung in diesem Satz richtig oder falsch oder hast du die Wahl?**

| | richtig | falsch | freigestellt |
|---|---|---|---|
| Daniel fährt mit dem Bus in die Stadt, seine Schwester nimmt das Fahrrad. | x | | |
| Entweder du beeilst dich jetzt, oder ich fahre ohne dich! | | | |
| Meret wäscht sich die Haare, und lackiert sich die Fingernägel. | | | |
| Marius geht ins Kino, und später trifft er sich mit seiner Freundin. | | | |
| Möchtest du lieber Pizza essen, oder hast du mehr Lust auf Döner? | | | |
| Rachel macht Deutschhausaufgaben, und Finn lernt für den Chemietest. | | | |

**2. Setze alle nötigen Kommas ein.**

**a)** Gehen wir ins Schwimmbad oder möchtest du lieber zu Hause bleiben?

**b)** Meine Mutter kauft einen Blumenstrauß und besorgt frische Blumen für Hannahs Geburtstag.

**c)** Herr Berger arbeitet als Kellner Frau Berger ist Bankangestellte.

**d)** Zum Frühstück trinken wir Kaffee zum Mittagessen gibt es Apfelsaft und Wasser.


© Verlag an der Ruhr | Autorin: Alexandra Piel | ISBN 978-3-8346-3550-1 | www.verlagruhr.de

# Komma bei Nebensätzen und Nachträgen (1/2)

INFO

**Nebensätze** werden vom Hauptsatz mit **Komma** abgetrennt:
*Weil es kalt ist, ziehe ich eine Jacke an.*
*Ich ziehe eine Jacke an, weil es kalt ist.*
Wenn der **Nebensatz** zwischen den beiden Teilen des Hauptsatzes eingebettet ist, stehen **zwei Kommas** (*Ich ziehe, weil es kalt ist, eine Jacke an.*).

**Zusätze und Nachträge** werden mit **Komma** abgetrennt, sie sind oft eingeleitet mit *also, besonders, das heißt, und zwar:*
*Es ist kalt heute, und zwar richtig kalt. Im Winter, besonders bei Schnee, ziehe ich eine warme Jacke an.*

**1. Unterstreiche die Hauptsätze rot, die Nebensätze blau.**

**a)** Wir fahren mit dem Fahrrad zur Schule, obwohl es auch einen Schulbus gibt.

**b)** Bringst du bitte das T-Shirt, das ich dir geliehen habe, wieder mit?

**c)** Dass es morgen regnet, kann ich mir nicht vorstellen.

**d)** Während ich dusche, läuft das Radio.

**e)** Nachdem er die Matheaufgaben gerechnet hat, lernt er für den Physiktest.

**f)** Da ist das Café, von dem ich dir erzählt habe.

**g)** Hier wohnt meine Freundin, mit der ich in den Urlaub fahre.

**h)** Als ich nach Hause kam, war es sehr kalt in der Wohnung.

**2. Welche Satzteile passen zusammen? Es gibt viele Kombinationsmöglichkeiten. Schreibe mindestens zehn sinnvolle Sätze in dein Heft, wobei der Nebensatz auch mal vorangestellt sein sollte. Setze die Kommas jeweils an der richtigen Stelle.**

**Beispiel:** *Ich lerne Vokabeln, während ich Mittag esse./Während ich Mittag esse, lerne ich Vokabeln.*

| | |
|---|---|
| Ich gehe in die Stadt | weil ich mich mit meiner Freundin treffe. |
| Ich fahre mit dem Bus zur Schule | indem ich Karteikarten beschrifte. |
| Ich lerne Vokabeln | seit ich hier wohne. |
| Ich höre Musik | während ich Mittag esse. |
| Ich gehe zum Training | obwohl ich Kopfschmerzen habe. |
| Ich räume mein Zimmer auf | bis ich zur Schule gehen muss. |
| Ich hole Brötchen | wenn ich Zeit habe. |

# Komma bei Nebensätzen und Nachträgen (2/2)

**3. Korrigiere die Kommasetzung in den folgenden Sätzen.**

**Beispiel:** *Ich fahre mit Sandra, die meine beste Freundin ist, in den Urlaub.*

**a)** Sobald er, zu Hause ist, zieht er sich um.

**b)** Während der Klassenfahrt hat er sich, mit Sonja angefreundet.

**c)** Wenn ihr euch ständig streitet könnt ihr nicht zusammenarbeiten.

**d)** Ich hoffe dass wir uns bald, nicht erst im nächsten Jahr wiedersehen.

**e)** Mein, kleiner, Bruder, bleibt zu Hause weil er Kopfschmerzen hat.

**4. Setze die folgenden Zusätze und Nachträge sowie die notwendigen Kommas in die Sätze ein.**

besonders in Mathe – und zwar das über Pferde – zum Beispiel Fußball spielen

**a)** In diesem Schuljahr werden die Hausaufgaben immer aufwändiger ..............................................

..............................................................................................................................

**b)** Wir könnten in Sport doch mal etwas anderes machen ..............................................

..............................................................................................................................

**c)** Eines dieser Bücher .............................................................................................. gehört mir.

# Komma bei Infinitiv- und Partizipgruppen

INFO

Zur besseren Verständlichkeit kannst du alle Infinitivsätze mit Komma abtrennen. In drei Fällen **müssen erweiterte Infinitive mit Komma** geschrieben werden:

- Sie sind mit ***um, ohne, (an)statt, als*** und ***außer*** eingeleitet: *Sie beeilt sich,* ***um*** *nicht zu spät ins Kino zu kommen.*
- Die Infinitivgruppe ist im Hauptsatz durch ein **einleitendes Wort** wie *es, darauf* oder *daran* angekündigt oder wird wieder aufgenommen, z. B.
  *Ich warte* ***darauf****, endlich an die Reihe zu kommen.*
- Die Infinitivgruppe hängt von einem **Nomen** ab: *Ich fasste schließlich den* ***Entschluss****, meine Hausaufgaben zu machen.*

Bei **Partizipgruppen** ist das Komma meistens freigestellt: *Das betrifft(,) grob gerechnet(,) die Hälfte der Klasse.* In zwei Fällen **muss** man aber ein Komma setzen:

- Wenn auf die Partizipgruppe durch ein Wort **hingewiesen** wird: *Vor Erleichterung strahlend,* ***so*** *kam sie in die Klasse.*
- Wenn die Partizipgruppe als Zusatz **nachgetragen** wird: *Unsere Lehrerin, früher an der Nachbarschule angestellt, ist supernett.*

**1. Setze ein Komma, wo es nötig ist.**

**Beispiel:** *Geh lieber nach draußen**,** statt den ganzen Tag drinnen zu sitzen.*

**a)** Wir fahren in die Stadt um für Miriam eine neue Jacke zu kaufen.

**b)** Es ist wichtig sich gut auf den Test vorzubereiten.

**c)** Er geht davon aus ihn bald wiederzusehen.

**d)** Das Baby schrie laut um seine Eltern zu sich zu rufen.

**e)** Ich freue mich darauf in den Herbstferien ans Meer zu fahren.

**f)** Wir glauben daran mit dem Theaterstück Erfolg zu haben.

**g)** Wir mögen es sehr im Kletterwald zu klettern.

**h)** Man sollte nicht in die Schule gehen ohne zu frühstücken.

**2. Wo kann das Komma stehen, wo muss das Komma stehen? Streiche das Falsche durch.**

**a)** Vor Freude ganz aufgeregt, kam er in die Schule. → Komma **kann/muss** stehen.

**b)** Vor Freude ganz aufgeregt, so kam er in die Schule. → Komma **kann/muss** stehen.

**c)** Er kam in die Schule, vor Freude ganz aufgeregt. → Komma **kann/muss** stehen.



© Verlag an der Ruhr | Autorin: Alexandra Piel | ISBN 978-3-8346-3550-1 | **www.verlagruhr.de**

# Komma bei Appositionen

INFO

**Appositionen** sind nähere Erläuterungen, die einem **Nomen nachgestellt** sind.

Appositionen werden mit **Kommas** vom Satz abgetrennt:

*Sonjas Oma, **eine alte Dame**, musste für ein paar Wochen ins Krankenhaus. Gestern, **am 3. Mai**, war die Konferenz.*

**1. Mache aus zwei Sätzen einen, indem du eine Apposition benutzt.**

**Beispiel:** *Die Hochzeit ist morgen. Morgen ist der 15. August.*
→ *Die Hochzeit ist morgen, am 15. August.*

**a)** Das ist Sybille. Sie ist Franks neue Freundin.

..........................................................................................

**b)** Hier wohnt Frau Naumann. Frau Naumann ist unsere neue Lehrerin.

..........................................................................................

**c)** Henry ist ein kleiner Hund. Henry mag gern lange Spaziergänge.

..........................................................................................

**d)** Frau Seidel ist unsere Nachbarin aus dem Erdgeschoss. Sie hat ein rotes Auto.

..........................................................................................

**2. Setze die fehlenden Kommas in den Text ein.**

Am Samstag fahre ich mit Sebastian meinem älteren Bruder nach Köln. Wir wollen uns früh morgens um 7 Uhr auf den Weg machen, damit wir viel Zeit in Köln haben. Die Fahrkarten haben wir schon vor ein paar Tagen am letzten Mittwoch im Reisezentrum besorgt. In Köln haben wir ein abwechslungsreiches Programm: Erst besuchen wir die Kolumba ein interessantes Kunstmuseum. Dann besichtigen wir Kölns Wahrzeichen den Dom und machen einen Spaziergang am Rhein. Später gehen wir ins „Max" ein neues Café in der Südstadt. Um halb elf fahren wir mit dem Zug einem ICE wieder zurück. Am Bahnhof erwartet uns Silja unsere Schwester schon. Sie fährt uns mit ihrem Auto einem weißen Golf nach Hause.

# Lösungen

## Typische Endungen (S. 10–11)

**Aufgabe 1 und 2:**

| Adjektiv | Nomen |
|---|---|
| wunder(bar) | der Frühl(ing) |
| sinn(voll) | die Einsam(keit) |
| arbeit(sam) | das Bürger(tum) |
| eck(ig) | die Nationali(tät) |
| dramat(isch) | die Üb(ung) |
| herz(lich) | die Schwanger(schaft) |
| tugend(haft) | das Verhält(nis) |
| zeit(los) | die Frustrat(ion) |
| | die Gesund(heit) |
| | die Kreativi(tät) |
| | die Student(in) |

**Aufgabe 3:**

-BAR: heil(bar), trenn(bar)

-HEIT: die Mensch(heit), die Krank(heit)

-SAM: ein(sam), furcht(sam)

-LOS: arbeits(los), zweck(los)

-VOLL: angst(voll), hoffnungs(voll)

-HAFT: fabel(haft), zwang(haft)

-NIS: das Gescheh(nis), das Erleb(nis)

-KEIT: die Gesellig(keit), die Heiter(keit)

-TÄT: die Flexibili(tät), die Identi(tät)

-UNG: die Rechtschreib(ung), die Mein(ung)

## Typische Endungen (S. 12)

**Aufgabe 5:**

**a)** Bei Erkältung leidet man unter Husten und **Heiserkeit**.
**b)** Eine Bergtour ist ein aufregendes **Erlebnis**.
**c)** Der **Schmetterling** sitzt auf einer leuchtenden Blüte.
**d)** Der Arzt hat **Bereitschaft** und muss im Notfall reagieren.
**e)** Der Schüler schreibt eine **Bewerbung** um einen Ausbildungsplatz.
**f)** Der Petersdom in Rom ist für Christen ein **Heiligtum**.
**g)** Mit dunkler Kleidung ist man nachts fast **unsichtbar**.
**h)** Die beiden sind **glücklich**, weil sie sich endlich wiedersehen.
**i)** Sonnenuntergänge können **romantisch** sein.
**j)** Der neue Lehrer erwartet viel von der Klasse, denn er ist sehr **anspruchsvoll**.
**k)** Die Katze liegt **schläfrig** in der Sonne.
**l)** Bei Gefahr sollte man **wachsam** sein.
**m)** Es ist **sinnlos**, hinter einem abfahrenden Bus hinterherzulaufen.

## Substantivierung von Adjektiven (S. 13)

**Aufgabe 1:**

**a)** Das ist wirklich zu viel (des) Guten. ✓
**b)** Silberne Ringe sehen oft schöner aus als goldene.
**c)** Ich habe (nichts) Besonderes zu erzählen. ✓
**d)** (Mein) Lieber, ich freue mich auf unser Treffen! ✓
**e)** Darüber wissen wir nicht (das) Geringste. ✓
**f)** Der Chef sagt in der Besprechung (wenig) Positives. ✓
**g)** Diese hohe Rechnung trifft (keinen) Armen. ✓
**h)** Im Urlaub haben wir (viel) Schönes erlebt. ✓
**i)** Erdbeereis mag ich am liebsten. ✓

**Aufgabe 2:**

**a)** Das Geld muss bis zum (E)rsten des Monats gezahlt werden.
**b)** Sonja hat nichts (B)rauchbares als Geschenk für ihren Bruder gefunden.
**c)** Ich nehme nur das Brot mit, alles (Ü)brige kann bei euch im Kühlschrank bleiben.
**d)** Das ist das (s)chönste Kleid hier im Geschäft!
**e)** Am (b)esten kommst du morgen früh bei mir vorbei.
**f)** Das (W)ichtigste ist, dass meine Freunde sich (w)ohlfühlen.

Lösungen

## Knifflige Schreibungen von Adjektiven (S. 14)

**Aufgabe 1:**

**a)** Dünne Menschen sind nicht immer die sportlichsten **Menschen**.

**b)** Ich trinke gern kalte Cola, aber ich mag auch warme **Cola**.

**c)** Möchtest du lieber den grünen Schal oder den grauen **Schal**?

**d)** Welches Etui ist deins, das blaue **Etui** oder das rote **Etui**?

**e)** Der längere Weg ist der interessanteste **We**g.

**Aufgabe 2:**

**a)** Ein Spaghettieis ist für mich das Größte.

**b)** Die Kleinen müssen in der Pause auf den Schulhof gehen.

**c)** Die laute Musik stört mich, wenn ich lernen muss.

**d)** Frau Mayer und Herr Beckmann sind von den neuen Lehrern die nettesten.

**e)** Viele Menschen mögen es nicht, dass es im Winter so früh dunkel wird.

**f)** Das rote ist mein Fahrrad!

© Verlag an der Ruhr | Autorin: Alexandra Piel | ISBN 978-3-8346-3550-1 | **www.verlagruhr.de**

Lösungen

## Substantivierung von Verben (S. 15)

**Aufgabe 1:**

**a)** Vor dem Ausgehen trifft sie sich mit ihrer Freundin. ✓

**b)** Dein lautes Schreien nervt mich total. ✓

**c)** Das Wasser ist nicht zum Trinken geeignet. ✓

**d)** Du sollst den Müll herausbringen, bevor du gehst.

**e)** Zum Faulenzen hatten wir am Wochenende gar keine Zeit. ✓

**f)** Möchtest du lieber spülen oder abtrocknen?

**g)** Ich wünsche dir gutes Gelingen! ✓

**h)** Die Ausstellung informiert über die Geschichte des Telefonierens. ✓

**Aufgabe 2:**

**a)** Pascal hat seine Freundin zum Essen eingeladen.

**b)** Am Wochenende können wir endlich ausschlafen.

**c)** Sie grüßte ihn im Vorbeigehen.

**d)** Nach dem Treffen mit ihm kam sie ins Grübeln.

**e)** Euer lautes Gähnen ist ansteckend.

**f)** Das Wissen des Lehrers ist beeindruckend.

**g)** Er ist beim Joggen gestürzt.

**h)** Hoffentlich müssen wir nicht so viel bezahlen.

**i)** Durch sein gründliches Lernen hat er die Prüfung doch noch bestanden.

86

**Typische Stolperfallen**
der deutschen Rechtschreibung und Zeichensetzung umgehen

© Verlag an der Ruhr | Autorin: Alexandra Piel | ISBN 978-3-8346-3550-1 | **www.verlagruhr.de**

Lösungen

## Schwierige Fälle der Groß- und Kleinschreibung (S. 16)

**Aufgabe 1:**

**a)** klein
→ **am kleinsten → der/die/das Kleinste**

**b)** süß
→ **am süßesten → der/die/das Süßeste**

**c)** schwer
→ **am schwersten → der/die/das Schwerste**

**Aufgabe 2:**

**a)** ein Haus im grünen → ein Haus im **G**rünen

**b)** aufs Ganze gehen → ✓

**c)** Mode für jung und alt → Mode für **J**ung und **A**lt

**d)** ins blaue fahren → ins **B**laue fahren

**e)** gleich und Gleich gesellt sich gern
→ **G**leich und Gleich gesellt sich gern

**f)** am Schnellsten → am **s**chnellsten

**g)** Schwarz auf weiß → **s**chwarz auf weiß

**h)** das schwierigste → das **S**chwierigste

**i)** über Kurz oder Lang → über **k**urz oder **l**ang

Lösungen

## Anredepronomen (S. 17)

**Aufgabe 1:**

**a)** Ist der Kaffee für **dich/Sie**?

**b)** Kann ich **dir/Ihnen** helfen?

**c)** Wie heißt **du**?/Wie heißen **Sie**?

**d)** Was möchtest **du** trinken?/
Was möchten **Sie** trinken?

**e)** Möchtest **du** noch etwas?/
Möchten **Sie** noch etwas?

**f)** Wo wohnst **du**?/Wo wohnen **Sie**?

**g)** Ist das **dein/Ihr** Fahrrad?

**h)** Mir gefällt **deine/Ihre** neue Hose sehr gut.

**Aufgabe 2:**

**a)** Wann kann ich Ihnen das Geld geben?

**b)** Frau Meier, wie geht es Ihnen und Ihrem Mann?

**c)** Das ist ein Geschenk für d/Dich.

**d)** Ich hoffe, bald wieder von Ihnen zu hören.

**e)** Übrigens finde ich d/Deine neue Jacke super!

**f)** Soll ich Sie mitnehmen oder warten Sie noch auf Ihre Tochter?

# Namen und feste Begriffe (S. 18/19)

**Aufgabe 1:**

**a)** das (N)eue Testament → namenähnlicher fester Begriff

**b)** Karl der (G)roße → Eigenname

**c)** das (R)ote Kreuz → Eigenname

**d)** der (H)eilige Vater → Titel

**e)** der (E)rste Mai → Kalendertag

**f)** die (D)eutsche Bahn → Eigenname

**g)** die (S)chiller'schen oder (s)chillerschen Dramen → Eigenname wird hervorgehoben

**h)** das (Z)weite (D)eutsche Fernsehen → Eigenname

**Aufgabe 2:**

**a)** Wir besuchen einen Vortrag über Sehenswürdigkeiten im **N**ahen Osten.

**b)** Nach der Ankunft auf dem Istanbuler Flughafen machen wir eine Bootsfahrt über das **G**oldene Horn und besuchen die Blaue Moschee.

**c)** Jetzt blühen im botanischen Garten die **F**leißigen Lieschen und der Blaue Enzian.

**d)** In der Oberstufe lesen wir **b**rechtsche (Brecht'sche) Theaterstücke und lernen die darwinsche (Darwin'sche) Evolutionstheorie kennen.

**e)** Heute Mittag haben wir im Restaurant „Zur **A**lten Post" eine **f**ranzösische Fischsuppe gegessen.

**f)** Die Europäische Union entwickelt eine gemeinsame **e**uropäische Politik.

**g)** Am **H**eiligen Abend schließen die Geschäfte schon am Mittag, am Tag der **D**eutschen Einheit sind sie geschlossen.

## Herkunftsbezeichnungen (S. 20)

**Aufgabe 1:**

**a)** (d)eutsch-(p)olnische Beziehungen →
kein Eigenname, Adjektiv auf -isch

**b)** Der (E)nglische Garten ist eine (M)ünchner Grünanlage.
→ Eigenname/Herkunftsbezeichnung auf -er

**c)** die (f)ranzösischen Alpen
→ kein Eigenname, Adjektiv auf -isch

**d)** die (M)ecklenburgische Seenplatte
→ Adjektiv auf -isch, aber Eigenname

**e)** das (S)tatistische Bundesamt
→ Adjektiv auf -isch, aber Eigenname

**f)** der (H)amburger Fischmarkt
→ Herkunftsbezeichnung auf -er

**Aufgabe 2:**

**a)** SCHWARZWÄLDER SCHINKEN
→ **Schwarzwälder Schinken**

**b)** HOLLÄNDISCHER GOUDA
→ **holländischer Gouda**

**c)** TSCHECHISCHES BIER
→ **tschechisches Bier**

**d)** FRANKFURTER WÜRSTCHEN
→ **Frankfurter Würstchen**

**e)** ITALIENISCHES EIS
→ **italienisches Eis**

**f)** THÜRINGER BRATWURST
→ **Thüringer Bratwurst**

Lösungen

## Tageszeiten (S. 21)

**Aufgabe 1:**

**a)** AMMONTAGABEND → **am Montagabend**
**b)** SAMSTAGMITTAGS → **samstagmittags**
**c)** HEUTEABEND → **heute Abend**
**d)** MITTWOCHSMORGENS → **mittwochs morgens**
**e)** FREITAGS → **freitags**
**f)** EINESMORGENS → **eines Morgens**
**g)** MORGENFRÜH → **morgen früh**

**Aufgabe 2:**

**a)** Montags haben wir auch **n**achmittags Unterricht.

**b)** Leider haben wir **d**ienstagmittags Schwimmen. Ich hätte **m**ittags lieber frei.

**c)** Gestern **A**bend habe ich noch Vokabeln für den Test am **D**onnerstagmorgen gelernt.

**d)** Jeden **M**ontagmorgen haben wir eine Gesprächsrunde mit unserer Klassenlehrerin, dabei kann jeder erzählen, was er **s**amstags und **s**onntags erlebt hat.

**e)** Am **M**ontag und **D**onnerstag treffe ich mich meist mit meinen Freundinnen.

**f)** Wenn ich **d**onnerstags viele Hausaufgaben für **F**reitag habe, kann ich nicht zum Training.

89
Typische Stolperfallen der deutschen Rechtschreibung und Zeichensetzung umgehen
© Verlag an der Ruhr | Autorin: Alexandra Piel | ISBN 978-3-8346-3550-1 | www.verlagruhr.de

## Zahlen (S. 22)

**Aufgabe 1:**

**a)** Wir **vier** können gut zusammenarbeiten.
**b)** **Zwei** und **drei** macht **fünf**.
**c)** Nach der langen Wanderung strecken sie alle **viere** von sich.
**d)** Ein **Viertel** des Seminars ist schon vorbei.
**e)** Sie gratuliert ihrer Mutter zum **fünfzigsten** Geburtstag.
**f)** Bei diesem Projekt müssen wir bei **null** anfangen.
**g)** Jeder **Dritte** hat kein Geld, um in den Urlaub zu fahren.
**h)** Ich kann auf Türkisch bis **hundert** zählen.
**i)** Sie wollen sich um **acht** am Kino treffen.
**j)** Ich lese nun das **achte** Kapitel unserer Lektüre.
**k)** Zur Schule fahre ich mit der Linie **Elf**, zum Sport nehme ich die **Acht** oder die **Zwölf**.
**l)** Selim hat auf seinem Zeugnis viele **Einsen** und **Zweien**.
**m)** 1.350.000: **eine Million dreihundertfünfzigtausend**
**n)** 2/5: **zwei Fünftel**
**o)** 24,40 Euro: **vierundzwanzig Euro vierzig**

Lösungen

## Pronomen und unbestimmte Zahlwörter (S. 23)

**Aufgabe 1:**

**a)** Was die einen gut finden, gefällt den anderen überhaupt nicht.
**b)** Ich muss noch einiges besorgen, unter anderem Sonnencreme, Getränke und Taschentücher.
**c)** Leon ist der Einzige, der die Aufgabe richtig gerechnet hat.
**d)** Spaghetti oder Lasagne – ich esse beides gern.
**e)** In dieser Eisdiele gibt es nur wenig, was mir nicht schmeckt.
**f)** Bei fremden Leuten liegt man mit dem Sie nie verkehrt.
**g)** Die einen laufen, die anderen fahren mit dem Bus.
**h)** Du bist als Letzter an der Reihe, als Nächster ist Nils dran!
**i)** Nur manche haben die Prüfung bestanden.
**j)** Auf der Party habe ich mit den beiden gesprochen.

**Aufgabe 2:**

manches, die beiden, beides, der Einzelne, viele, die anderen, jeder, die Übrigen, das Nichts, weniges, so manches

90

Typische Stolperfallen
der deutschen Rechtschreibung und Zeichensetzung umgehen

© Verlag an der Ruhr | Autorin: Alexandra Piel | ISBN 978-3-8346-3550-1 | www.verlagruhr.de

# Gemischte Übungen zur Groß- und Kleinschreibung (S. 24)

**Aufgabe 1:**

**a)** Alles Gute kommt von oben.
**b)** Am Abend wird der Faule fleißig.
**c)** Ehrlich währt am längsten.
**d)** Eine Hand wäscht die andere.
**e)** Es ist nicht alles Gold, was glänzt.
**f)** Dem Glücklichen schlägt keine Stunde.
**g)** Unter Blinden ist der Einäugige König.
**h)** Wer flüstert, der lügt.
**i)** Die Katze lässt das Mausen nicht.
**j)** Auch ein blindes Huhn findet mal ein Korn.
**k)** Besser spät als nie.
**l)** Die dümmsten Bauern haben die dicksten Kartoffeln.

**Aufgabe 2:**

**a)** „Der **N**ächste, bitte", sagt die Sprechstundenhilfe.
**b)** Ich bin mir noch nicht darüber im **K**laren, was ich morgen machen soll.
**c)** Bereits im **V**oraus vielen Dank für Ihre Bemühungen!
**d)** Im **G**roßen und **G**anzen ist er mit seinem Zeugnis zufrieden.
**e)** Bitte halten Sie mich darüber auf dem **L**aufenden!
**f)** Die Polizei tappt bei ihren Ermittlungen noch im **D**unklen.
**g)** Am Wochenende fahren wir gern ins **G**rüne.
**h)** Wenn wir uns streiten, zieht meine Schwester immer den **K**ürzeren.
**i)** Er hat seiner neuen Freundin das **B**laue vom Himmel versprochen.

## Verben mit *zu* (S. 26/27)

**Aufgabe 1:**

**a)** Deine Sorgen sind nicht von der Hand zu weisen.
**b)** Was gibt es denn da Spannendes zu sehen?
**c)** Der BVB versucht, Real Madrid zu schlagen.
**d)** In der sechsten Stunde fällt es der Klasse schwer, zuzuhören.
**e)** Aus der Wohnung sind keine Geräusche zu hören.
**f)** Ich möchte für deinen Geburtstag ein leckeres Essen zubereiten.
**g)** Leider wissen wir noch nicht, ob wir zu deiner Feier zusagen können.
**h)** Vielen Kindern fällt es schwer, ihre Süßigkeiten mit anderen zu teilen.

**Aufgabe 2:**

**a)** (zu)treffen
Carlos und Ronja versuchen, sich am Bahnhof **zu treffen**.
Ich weiß nicht, ob alle Antworten auf Sie **zutreffen**.
**b)** (zu)schlagen
Es ist in Deutschland verboten, Kinder **zu schlagen**.
Pass auf, dass die Fenster nicht **zuschlagen**.
**c)** (zu)greifen
Bei Sonderangeboten muss man einfach **zugreifen**.
Mit Handschuhen fällt es schwer, die kleinen Teile **zu greifen**.

**Aufgabe 3 :**

**a)** dicker werden, mehr Gewicht bekommen: **zunehmen**
**b)** etwas gestehen, zu seiner Tat stehen: **zugeben**
**c)** eine Tür lautstark schließen: **zuknallen**
**d)** eine Verabredung oder einen Termin bestätigen: **zusagen**
**e)** lauschen: **zuhören**
**f)** mit einem Vorschlag einverstanden sein: **zustimmen**
**g)** glauben, dass jemand etwas schafft: **zutrauen**

## Verb + Verb/Partizip + Verb (S. 28)

**Aufgabe 1:**

**a)** Bi stduscho nei nmalimAu fzugs teck enge blieben?
→ Bist du schon einmal im Aufzug stecken geblieben?

**b)** Wi rwol lener stein kaufe nfah renundda nne ssenge hen.
→ Wir wollen erst einkaufen fahren und dann essen gehen.

**c)** Sieist trau rig, weilih reEl ternge trenntle ben.
→ Sie ist traurig, weil ihre Eltern getrennt leben.

**d)** ImWi nterm öchtei chge rnlän gerim Bettli egenble iben.
→ Im Winter möchte ich gern länger im Bett liegen bleiben.

**e)** Wi eärger lich,ich ha beeinG lasf allenla ssen.
→ Wie ärgerlich, ich habe ein Glas fallen lassen.

**Aufgabe 2:**

**a)** Wollen wir morgen zusammen ☒ baden gehen/☐ badengehen?

**b)** Du kannst die Bücher bis morgen hier ☐ liegenlassen/☒ liegen lassen.

**c)** Verbindungen aus zwei Verben werden ☐ getrenntgeschrieben/☒ getrennt geschrieben.

**d)** Wir müssen die Milch erst ☒ kochen lassen/☐ kochenlassen, bevor wir das Puddingpulver unterrühren können.

## Nomen + Verb (S. 29)

**Aufgabe 1:**

**a)** das Autofahren
**b)** kopfstehen
**c)** schlafwandeln
**d)** Skat spielen
**e)** bergsteigen
**f)** heimsuchen
**g)** Feuer fangen
**h)** handhaben
**i)** bruchrechnen

**Aufgabe 2:**

**a)** KOPFSTEHEN
→ Die ganze Welt steht **kopf**.

**b)** RADFAHREN
→ Wusstest du, dass sie **Rad fährt**?
→ Wusstest du, dass sie **Rad fahren**?

**c)** HEIMKOMMEN
→ Ich kam gestern spät **heim**.

## Adverb + Verb (S. 30)

**Aufgabe 1:**

**a)** Man muss die Teile übereinanderlegen.
☒ Hauptbetonung auf dem ersten Bestandteil

**b)** Ihr solltet besser übereinander lachen.
☒ Betonung auf beiden Bestandteilen

**c)** Hast du dein Buch schon wiederbekommen?
☒ Hauptbetonung auf dem ersten Bestandteil

**Aufgabe 2:**

**a)** BEIM|SPORT|MUSS|MAN|SICH|ERST|AUFWÄRMEN|UND|HINTERHER|LAUFEN.
Beim Sport muss man sich erst aufwärmen und hinterher laufen.

**b)** IMMER|MUSS|ICH|NEBENHERGEHEN.
Immer muss ich nebenhergehen.

**c)** DARF|ICH|IN|DEINE|TASCHE|HINEINSCHAUEN?
Darf ich in deine Tasche hineinschauen?

**d)** LASS|UNS|DIE|SCHWERE|TASCHE|ZUSAMMEN|TRAGEN!
Lass uns die schwere Tasche zusammen tragen!

Lösungen

## Adjektiv + Verb (S. 31)

**Aufgabe 1:**

krankschreiben → die Arbeitsunfähigkeit aus gesundheitlichen Gründen bescheinigen
freisprechen → einen Angeklagten für unschuldig erklären
kaltstellen → jemanden ausschalten, beiseitedrängen
geringschätzen → jemanden oder etwas für wenig wertvoll halten
kleinschreiben → mit kleinen Anfangsbuchstaben schreiben
bloßstellen → sich oder jemanden blamieren
schwarzfahren → ohne Fahrkarte fahren

**Aufgabe 2:**

**a)** Wer eine öffentliche Rede hält, sollte möglichst **frei sprechen**.
Wenn es nicht genügend Beweise gibt, muss das Gericht den Angeklagten **freisprechen**.

**b)** Du sollst andere Leute nicht immer so **schlechtmachen**.
Wenn du dein nächstes Referat auch so **schlecht machst**, bekommst du keine Zwei mehr in Deutsch.

**c)** Bei uns wird Teamgeist **großgeschrieben**.
Der Satz an der Tafel ist aber nicht sehr **groß geschrieben**.

94
Typische Stolperfallen
der deutschen Rechtschreibung und Zeichensetzung umgehen
© Verlag an der Ruhr | Autorin: Alexandra Piel | ISBN 978-3-8346-3550-1 | www.verlagruhr.de

Lösungen

## Mehrteilige Adjektive (S. 32)

**Aufgabe 1:**

**a)** schlau: **superschlau**
**b)** ernst: **bitterernst**
**c)** blau: **graublau**
**d)** warm: **lauwarm**

**Aufgabe 2:**

**a)** leicht → **federleicht**
**b)** teuer → **sauteuer, schweineteuer**
**c)** stark → **bärenstark**
**d)** schnell → **pfeilschnell**

**Aufgabe 3:**

**a)** blau → **himmelblau, marineblau, azurblau**
**b)** grün → **froschgrün, grasgrün, olivgrün**
**c)** gelb → **sonnengelb, maisgelb**





Lösungen

## ä/e, äu/eu (S. 34)

**Aufgabe 1:**

**a)** backen: **das Gebäck, der Bäcker, die Bäckerei**
**b)** die Gefahr: **gefährlich, gefährden, die Gefährdung**
**c)** kalt: **die Kälte, sich erkälten, die Erkältung**
**d)** nass: **Nässe, nässen, durchgenässt**
**e)** die Qual: **die Quälerei, quälen, der Quälgeist**
**f)** die Hand: **Händchen, Hände, Händler**

**Aufgabe 2:**

**a)** n**eu**lich
**b)** die Sch**eu**ne
**c)** schr**e**cklich
**d)** vertr**äu**mt
**e)** das P**ä**rchen
**f)** der R**äu**ber
**g)** der B**eu**tel
**h)** der H**ä**ndler
**i)** h**ä**sslich
**j)** m**ä**nnlich
**k)** schm**ä**chtig

95

Typische Stolperfallen der deutschen Rechtschreibung und Zeichensetzung umgehen

© Verlag an der Ruhr | Autorin: Alexandra Piel | ISBN 978-3-8346-3550-1 | **www.verlagruhr.de**

# ai/ei (S. 35/36)

**Aufgabe 1:**

**a)** der M**ai**
**b)** der Kr**ei**s
**c)** die H**ei**zung
**d)** f**ai**r
**e)** das Fl**ai**r
**f)** das Terr**ai**n
**g)** str**ei**ten
**h)** die Gl**ei**chung
**i)** der T**ai**fun
**j)** die M**ai**l
**k)** die M**ei**le
**l)** das Det**ai**l
**m)** der Cont**ai**ner
**n)** die Z**ei**chnung
**o)** pr**ei**swert
**p)** Th**ai**land

**Aufgabe 2:**

der Mai, fair, das Flair, das Terrain, der Taifun, die Mail, das Detail, der Container, Thailand

**Aufgabe 3:**

Reisebüro
Maisernte
Froschlaich
Waisenhaus
Saiteninstrument
Thaiimbiss
Brotlaib
Maibaum

**Aufgabe 4:**

|  | | | | | | | | | | | | | |
|---|---|---|---|---|---|---|---|---|---|---|---|---|---|
| 1 | | | | | | | M | A | I | | | | |
| 2 | | | | | | | S | A | I | T | E | | |
| 3 | | | | | | | W | A | I | S | E | | |
| 4 | | | | | M | E | D | A | I | L | L | E | |
| 5 | | | | | | | M | E | I | S | E | | |
| 6 | | | | | | | H | A | I | | | | |
| 7 | | | | | | | M | A | I | S | | | |
| 8 | | | | | | | K | A | I | | | | |
| 9 | E | I | N | S | A | M | K | E | I | T | | | |
| 10 | | | | | | | W | E | I | D | E | | |
| 11 | | | | | | | L | A | I | E | | | |
| 12 | | | | | | | M | A | I | N | | | |
| 13 | | | | | | | L | A | I | C | H | | |
| 14 | | | | C | O | N | T | A | I | N | E | R | |
| 15 | | | | | | T | H | A | I | L | A | N | D |
| 16 | | | | | | | T | A | I | F | U | N | |
| 17 | | | | | | | D | E | T | A | I | L | |
| 18 | | | | | | | L | A | I | B | | | |

## Langes i: i/ie/ieh/ih (S. 37)

**Aufgabe 1:**

**a)** kontroll**ie**ren
**b)** das Federv**ieh**
**c)** der **I**gel
**d)** die Fl**ie**ge
**e)** die Mag**ie**
**f)** die Fr**i**sur
**g)** **i**hre
**h)** das Augenl**i**d
**i)** import**ie**ren

**Aufgabe 2:**

**a)** Viele Kinder finden italienisches Eis sehr lecker, am liebsten sind ihnen Sorten wie Zitrone, Apfelsine oder Kiwi.

**b)** Bevor ich mit meiner Familie umziehe, muss ich meine ausgedienten Spielsachen aussortieren und mir diverse neue Möbel sowie einen Teppichboden aussuchen.

**c)** Ich schenke meiner lieben Freundin einen Gutschein, dass ich mit ihr im Kino einen beliebigen Film anschaue.

**d)** Ein hinterlistiger Dieb hat mir in der Innenstadt mein Portemonnaie mit 20 Euro, meinem Bibliotheksausweis und meinem Busticket geklaut.

**Aufgabe 3:**

| -i- | -ie- | -ih- | -ieh- |
|---|---|---|---|
| italienisches | viele | ihnen | umziehe |
| Zitrone | liebsten | ihr | |
| Apfelsine | wie | | |
| Kiwi | ausgedienten | | |
| Familie | Spielsachen | | |
| mir | aussortieren | | |
| diverse | sowie | | |
| Kino | lieben | | |
| mir | beliebigen | | |
| Bibliotheksausweis | Dieb | | |

## Dehnung (S. 38)

**Aufgabe 1:**

(Jahr) – (Schal) – Halle – (Waage) – (Zahn) – Affe – (Zahl) – (Aal) – (Draht) – Schwamm – (zahm) – fallen – (Saat) – (Aas) – (Kanal) – Kanne – Ball – (Haar) – (Staat) – satt – (Ameise)

**Aufgabe 2:**

**a)** Märchenfigur → FEE

**b)** Niederschlag im Winter → SCHNEE

**c)** Gebetsraum für Muslime → MOSCHEE

**d)** Glücksbringer und Futterpflanze → KLEE

**e)** Teil der Armee → HEER

**f)** Konzertreise von Bands oder Sängern → TOURNEE

**g)** Die Nordsee ist ein .... → MEER

**h)** Marmelade ohne Fruchtstücke → GELEE

**i)** von Bäumen umrandete Straße → ALLEE

**j)** anderes Wort für Lauch → PORREE

**k)** Getränk mit Koffein → KAFFEE

**l)** nicht voll, sondern ... → LEER

**Aufgabe 3:**

| | | |
|---|---|---|
| Allee | Kaffee | Moschee |
| Fee | Klee | Porree |
| Gelee | leer | Schnee |
| Heer | Meer | Tournee |

Folgende Wörter könnten beispielsweise ergänzt werden:
Tee, Seele, Beere, Speer, Komitee

 

Lösungen

## Auslaute: -d/-t, -p/-b, -g/-k (S. 39)

**Aufgabe 1:**

**a) die Haut** → Häute
**b) das Land** → Länder
**c) der Stab** → Stäbe
**d) das Pult** → Pulte
**e) die Tat** → Taten
**f) der Zug** → Züge
**g) das Mikroskop** → Mikroskope
**h) die Bank** → Bänke
**i) der Typ** → Typen
**j) der Zwerg** → Zwerge

**Aufgabe 2:**

**a)** En**d**station → enden, Ende, beenden
**b)** lie**b** → lieben, Liebe
**c)** Stau**b** → staubig, verstauben
**d)** Strei**k** → streiken
**e)** Ber**g** → verbergen, bergig
**f)** Ra**t** → raten, Beratung
**g)** Halsschla**g**ader → schlagen, Schläger
**h)** Sie**b** → sieben
**i)** Ba**d** → baden, Badezimmer
**j)** Ti**pp** → tippen

Lösungen

## s-Laute (s/ss/ß) (S. 40)

**Aufgabe 1:**

**a)** die Dönerspie**ß**e → der Dönerspie**ß**
**b)** flei**ß**ig → der Flei**ß**
**c)** die Weinglä**s**er → das Weingla**s**
**d)** hei**ß**en → er hei**ß**t
**e)** die Häu**s**er → das Hau**s**
**f)** die Grö**ß**e → gro**ß**
**g)** die Bahnglei**s**e → das Bahnglei**s**
**h)** die Ma**ß**e → das Ma**ß**
(aber: *die Ma**ss**e* mit kurzem Vokal vor dem s-Laut)

**Aufgabe 2:**

**a)** Für die Blumenpflege brauchst du eine **Gießkanne**.
**b)** Das Liebespaar gibt sich einen zärtlichen **Kuss**.
**c)** Wenn man Orangen **auspresst**, erhält man Orangensaft.
**d)** Zum Geburtstag bekommt sie einen bunten **Blumenstrauß**.
**e)** Das Gegenteil von Liebe heißt **Hass**.
**f)** Staus und Zugverspätungen sind für viele Menschen ein großes **Ärgernis**.
**g)** Es gibt Elektroherde und welche, die mit **Gas** funktionieren.

# Verben mit s-Lauten (S. 41)

**Aufgabe 1:**

| Infinitiv | 1. Person Singular Präsens | 1. Person Singular Präteritum | 1. Person Singular Perfekt |
|---|---|---|---|
| schließen | ich schließe | ich schloss | ich habe geschlossen |
| hassen | ich hasse | ich hasste | ich habe gehasst |
| gießen | ich gieße | ich goss | ich habe gegossen |
| beißen | ich beiße | ich biss | ich habe gebissen |
| müssen | ich muss | ich musste | ich habe gemusst |
| vergessen | ich vergesse | ich vergaß | ich habe vergessen |
| lassen | ich lasse | ich ließ | ich habe gelassen |
| zerreißen | ich zerreiße | ich zerriss | ich habe zerrissen |

**Aufgabe 2:**

**a)** machen → du **machst**
**b)** grüßen → du **grüßt**
**c)** vergessen → du **vergisst**
**d)** flitzen → du **flitzt**
**e)** segeln → du **segelst**
**f)** duschen → du **duschst**
**g)** suchen → du **suchst**
**h)** rasen → du **rast**

## chs/cks/x/gs/ks (S. 42)

**Aufgabe 1:**

**a)** rin**gs**herum
**b)** La**chs**
**c)** geradewe**gs**
**d)** Wa**chs**
**e)** schla**ks**ig
**f)** unterwe**gs**
**g)** ta**gs**über
**h)** lin**ks**
**i)** e**x**plodieren

**Aufgabe 2:**

Der heutige Tag war wie verhe(x)t. Normalerweise stehe ich allta(gs) morgens um sechs Uhr auf, um schnurstra(cks) zu duschen und zu frühstücken. Heute allerdings habe ich verschlafen und bin erst extrem spät aufgewacht. Flugs habe ich mich angezogen, einen Ke(ks) gegessen und bin zur Straßenbahn gelaufen. Aber verflixt – als ich um die Ecke bog, fuhr mir die Bahn vor der Nase weg. Dann bin ich flu(gs) nach links abgebogen, um den Bus zu erwischen. Aber was für ein Mur(ks)! Dichtes Gedränge an der Haltestelle, aber kein Bus zu sehen. Deshalb habe ich Max, meinen älteren Bruder, angerufen, um zu fragen, ob er mich fix mit dem Auto zur Schule fahren könnte. Aber er war schon unterwe(gs) zur Arbeit, deshalb ist daraus nichts geworden.
Also musste ich zu Fuß gehen, aber 45 Minuten Fußmarsch sind auch kein Kla(cks), vor allem, wenn man den einen oder anderen Berg hochkra(x)eln muss. Wäre schön, wenn man sich schnell dorthin hexen könnte, aber solche Tri(cks) kenne ich leider nicht. Schließlich bin ich mit schweißnassen Achseln eine Stunde zu spät in der Schule angekommen. Als ich extrem genervt die Tür des Klassenzimmers öffnete, feixten alle.
Ich stutzte und stellte fest: Jetzt hatte ich auch noch den Klassenraum verwe(chs)elt!


© Verlag an der Ruhr | Autorin: Alexandra Piel | ISBN 978-3-8346-3550-1 | www.verlagruhr.de

Lösungen

# v/f/ph (S. 43)

**Aufgabe 1:**

**a)** ner**v**ig
**b)** die Zukun**f**t
**c)** die Schnee**f**locke
**d)** das **V**eilchen
**e)** der Trium**ph**
**f)** das E**f**eu
**g)** das **V**ersmaß
**h)** die Ha**f**er**f**locken
**i)** die **F**aser
**j)** der **V**iel**f**raß
**k)** der Apostro**ph**
**l)** entlar**v**en

**Aufgabe 2:**

**a)** der Physiker
**b)** die Philosophie
**c)** die Phobie
**d)** phlegmatisch
**e)** die Phase
**f)** das Phänomen
**g)** die Philharmonie
**h)** die Philippinen
**i)** der Pharao
**j)** das Phantombild
**k)** die Pharmaindustrie
**l)** physisch

Lösungen

# ck/k/kk (S. 44)

**Aufgabe 1:**

**a)** Das Spiel dauert noch 30 Se**k**unden.
**b)** Fatima hat früher in Maro**kk**o gewohnt.
**c)** Möchtest du auch noch ein Stü**ck**chen Spe**ck** oder lieber etwas anderes Le**ck**eres?
**d)** Mein A**kk**u ist leer, ich rufe dich später zurü**ck**.
**e)** A**kk**ordarbeit ist für die meisten Menschen sehr stressig.
**f)** Er klopft mit den Fingern den Ta**k**t dazu.
**g)** Ich habe heute ein Pa**k**et und zwei Pä**ck**chen für Sie!
**h)** In einer Di**k**tatur werden die Menschen oft unterdrü**ck**t.

**Aufgabe 2:**

**a)** Beschäftigung mit übersinnlichen Dingen:
**Okkultismus**
**b)** jüdisches Lichterfest:
**Chanukka**
**c)** Wen-Fall in der deutschen Sprache:
**Akkusativ**
**d)** Kaffeegetränk:
**Mokka**
**e)** Musikinstrument:
**Akkordeon**
**f)** Besatzung eines anderen Landes:
**Okkupation**

102
Typische Stolperfallen
der deutschen Rechtschreibung und Zeichensetzung umgehen
© Verlag an der Ruhr | Autorin: Alexandra Piel | ISBN 978-3-8346-3550-1 | www.verlagruhr.de

## z/tz (S. 45)

**Aufgabe 2:**
**a)** Anrei**z**
**b)** gei**z**ig
**c)** Hi**tz**e
**d)** ki**tz**eln
**e)** Gren**z**e
**f)** Noti**z**
**g)** Wur**z**el
**h)** schwa**tz**en
**i)** Bundeskan**z**lerin
**j)** Wi**tz**
**k)** Her**z**
**l)** pu**tz**en

**Aufgabe 3:**
**a)** stürzen → du **stürzt**
**b)** tanzen → du **tanzt**
**c)** reizen → du **reizt**
**d)** sitzen → du **sitzt**
**e)** putzen → du **putzt**
**f)** schwitzen → du **schwitzt**


© Verlag an der Ruhr | Autorin: Alexandra Piel | ISBN 978-3-8346-3550-1 | www.verlagruhr.de

Lösungen

## Gemischte Übungen zu verwechselbaren Lauten (S. 46)

**Aufgabe 2:**
In den **letzten paar** Tagen hat es **ständig** geregnet. Man kann gar nicht **mehr draußen sitzen** oder **spielen**, das ist **wirklich** schade. **Deshalb** habe ich angefangen, zu **basteln** und mit Farben zu **experimentieren** und zu **klecksen**. So entstehen **häufig** tolle Gemälde, die **extravagant** und **interessant** aussehen. Manchmal koche ich auch mit meiner **älteren** Schwester zusammen. Wir **probieren** neue Rezepte aus, am **liebsten** für **Aufläufe** und Pastagerichte.

**Aufgabe 3:**
**a)** <u>Reißverschluss</u> – Reissverschluß – Reißverschluß
**b)** flux – fluks – <u>flugs</u>
**c)** Perchen – <u>Pärchen</u> – Pährchen
**d)** <u>Marokko</u> – Maroko – Marocko
**e)** sechsisch – <u>sächsisch</u> – säksisch

103
Typische Stolperfallen
der deutschen Rechtschreibung und Zeichensetzung umgehen
© Verlag an der Ruhr | Autorin: Alexandra Piel | ISBN 978-3-8346-3550-1 | www.verlagruhr.de

## Fremdwörter: Besonderheiten der Schreibung (S. 48)

**Aufgabe 1:**

| Latein | Griechisch | Französisch | Italienisch |
|---|---|---|---|
| reparieren | Autonomie | Toilette | Spaghetti |
| Nation | Physik | Niveau | Zucchini |
| kommunal | Biologie | Fritteuse | Pizza |
| kooperieren | Rhythmus | Friseur | Latte macchiato |
| auditiv | Sympathie | Plateau | |
| | Alphabet | Ingenieur | |

**Aufgabe 2:**

**a)** ION: **Addition, Frustration, Division, Applikation ...**
**b)** IEREN: **studieren, operieren, servieren, referieren ...**
**c)** EUR: **Masseur, Souffleur, Friseur, Regisseur ...**
**d)** LOGIE: **Biologie, Geologie, Astrologie ...**

## Fremdwörter: langes i: i/ie (S. 49)

**Aufgabe 1:**

**a)** B: **blamieren, brüskieren, buchstabieren ...**
**b)** D: **demonstrieren, debattieren, drangsalieren ...**
**c)** F: **frisieren, frittieren, frustrieren ...**
**d)** G: **gestikulieren, gratulieren, garantieren ...**
**e)** K: **kapieren, kontrollieren, kassieren ...**
**f)** M: **modernisieren, markieren, marschieren ...**
**g)** P: **panieren, porträtieren, philosophieren ...**
**h)** S: **studieren, schikanieren, stagnieren ...**

**Aufgabe 2:**

**a)** die Melodie → **melodisch**
**b)** die Geometrie → **geometrisch**
**c)** die Philosophie → **philosophisch**
**d)** die Ironie → **ironisch**
**e)** die Allegorie → **allegorisch**
**f)** die Sympathie → **sympathisch**

## Fremdwörter: Wörter auf -ine/-in und -ion (S. 50)

**Aufgabe 1:**

| | | | | | | | | | D | | V | | | | | M |
|---|---|---|---|---|---|---|---|---|---|---|---|---|---|---|---|---|
| **M** | **A** | **S** | **C** | **H** | **I** | **N** | **E** | K | R | | I | | R | P | | A |
| A | | | | | | | | G | A | | T | | O | I | | R |
| N | | K | | | | | | A | I | B | R | | S | N | | G |
| D | | | A | | | | | R | S | | I | | I | G | | A |
| A | L | | | N | | | | D | I | | N | N | N | U | | R |
| R | | A | | | T | | | I | N | | E | | E | I | | I |
| I | U | | W | | | I | | N | E | | | | | N | | N |
| N | | I | | I | | | N | E | **G** | **E** | **L** | **A** | **T** | **I** | **N** | **E** |
| E | | | N | | N | | | E | | | | | | | | |
| | | | | E | | E | | **T** | **U** | **R** | **B** | **I** | **N** | **E** | | |
| | | | | | | | | | | | | | | | | R |
| | | | | | | | | **R** | **O** | **U** | **T** | **I** | **N** | **E** | | U |
| | | **V** | **I** | **T** | **A** | **M** | **I** | **N** | | | | | | | | B |
| | | | | **M** | **A** | **N** | **D** | **O** | **L** | **I** | **N** | **E** | | | | I |
| | | | | | | | | | | | | | | | | N |

**Aufgabe 2:**

**a)** o**D**iixn → Dioxin
**b)** eibl**R**leion → Rebellion
**c)** ne**P**irla → Praline
**d)** nri**S**dae → Sardine
**e)** or**F**iautsrtn → Frustration
**f)** **S**ieptnener → Serpentine
**g)** ge**R**ino → Region
**h)** uge**A**ibner → Aubergine
**i)** a**M**rnie → Marine
**j)** d**A**tdioin → Addition
**k)** li**V**nioe → Violine
**l)** naprei**O**to → Operation

## Fremdwörter: Wörter mit th/rh/ph/gh (S. 51)

**Aufgabe 1:**

**a)** OTTEHG → **Ghetto**
**b)** TLAHPSA → **Asphalt**
**c)** KIROTEHR → **Rhetorik**
**d)** EIPAREHTOISYHP → **Physiotherapie**
**e)** AMEUHR → **Rheuma**
**f)** KISYHP → **Physik**
**g)** KEHTOILBIB → **Bibliothek**
**h)** HTNIRYBAL → **Labyrinth**
**i)** EÄHPORT → **Trophäe**

**Aufgabe 2:**

**a)** Inhalt/Sachgebiet eines Textes: **Thema**
**b)** Das Gegenteil von Praxis: **Theorie**
**c)** Opern- oder Schauspielhaus: **Theater**
**d)** Wissenschaft der Religionen: **Theologie**

## Anglizismen (S. 52)

**Aufgabe 1:**

**a)** brainstormen
**b)** chillen
**c)** chatten
**d)** mailen
**e)** snowboarden
**f)** skaten
**g)** recyceln
**h)** outsourcen
**i)** liken
**j)** skypen

**Aufgabe 2 :**

**a)** Tourist, der mit einem Rucksack reist: **Backpacker**
**b)** Auswahlverfahren bei Bewerbungen: **Assessment-Center**
**c)** Mehrere Menschen teilen sich gemeinsam ein Auto: **Carsharing**
**d)** Täglich ausgestrahlte Fernsehserie: **Daily Soap**
**e)** Laden, in dem reduzierte Ware verkauft wird: **Outlet**
**f)** Bringdienst, z. B. vom Parkplatz zum Flughafen: **Shuttleservice**
**g)** Wohlbefinden, oft mit Sauna und Schwimmbad: **Wellness**

## *Zeit/zeit, Dank/dank* und andere Beispiele (S. 54)

**Aufgabe 1:**

**a)** Ich hätte gern mehr **Zeit**, um mich mit meinen Freunden zu treffen.
Meine Oma war **zeit** ihres Lebens ein zufriedener Mensch.

**b)** Ich habe gelesen, dass der Kuchen **laut** Rezept eine Dreiviertelstunde im Backofen bleiben muss.
ch ist ein **Laut**, der für manche Ausländer schwierig auszusprechen ist.

**c)** Bis zum Schuljahresende brauche ich noch viel **Kraft** zum Lernen.
Der Bürgermeister stoppte das umstrittene Bauvorhaben **kraft** seines Amtes.

**d)** Vielen **Dank** für deinen lieben Brief!
Nur **dank** meiner besten Freundin habe ich die Prüfung bestanden.

**e)** Leider können wir heute **trotz** des guten Wetters nicht in den Park gehen, weil wir zu viele Hausaufgaben aufhaben.
Aus **Trotz** habe ich ihn nicht mehr angerufen.

**Aufgabe 2:**

Sätze, die gebildet werden könnten:

- Wegen der ganzen Klassenarbeiten habe ich im Moment wenig **Zeit**.
  Ben musste **zeit** seines Praktikums früh aufstehen.
- Skaten ist **laut** Schulordnung auf dem Schulgelände verboten.
  Es ist von draußen kein **Laut** zu hören.
- Um Gewichte zu heben, braucht man viel **Kraft**.
  Der Angeklagte wird **kraft** des Gesetzes verurteilt.
- Vielen **Dank** für deine Hilfe.
  Wir konnten **dank** des guten Wetters draußen übernachten.


© Verlag an der Ruhr | Autorin: Alexandra Piel | ISBN 978-3-8346-3550-1 | www.verlagruhr.de

# *dass* oder *das* (S. 55/56)

**Aufgabe 1 :**
Sätze, die gebildet werden könnten:
**a)** Äpfel sind ein Obst, **das an Bäumen wächst.**
**b)** Eine U-Bahn ist ein Fahrzeug, **das unter der Erde fährt.**
**c)** Ein Frosch ist ein Tier, **das in Gewässern lebt.**
**d)** Möhren sind ein Gemüse, **das man roh oder gekocht essen kann.**
**e)** Spanien ist ein Urlaubsland, **das sehr beliebt ist.**
**f)** Cola ist ein Getränk, **das viel Zucker enthält.**

**Aufgabe 2:**
Sätze, die gebildet werden könnten:
**a)** Sarah glaubt nicht, **dass sie eine gute Arbeit geschrieben hat**.
**b)** Wir haben darüber gesprochen, **dass wir uns morgen treffen.**
**c)** Ich habe geträumt, **dass wir am Strand liegen.**
**d)** In der Sendung habe ich gehört, **dass es in Berlin eine tolle Monet-Ausstellung gibt.**
**e)** Mein Vater meint, **dass ich nicht so spät nach Hause kommen soll.**
**f)** Simone hat so viel gelernt, **dass sie ein besseres Zeugnis bekommt.**

**Aufgabe 3:**
**a)** **Das** Kleid, **das** du dir gekauft hast, gefällt mir gut.
**b)** Ich weiß nicht, ob ich **das** bis morgen schaffe.
**c)** **Dass** es heute so kalt ist, hätte ich nicht gedacht.
**d)** Ich habe **das** nicht verstanden.
**e)** Carina hofft, **dass** sich **das** häufige Üben für die Mathearbeit auszahlt.
**f)** So, wie **das** bis jetzt läuft, wird **das** nie was!
**g)** Kannst du mir **das** Geld, **das** ich dir geliehen habe, bis Mittwoch zurückgeben?
**h)** Manchmal lohnt es sich, darauf zu warten, **dass** sich ein Problem, **das** einem **das** Leben schwer macht, von selbst löst.
**i)** **Das** Bild, **das** meine Freundin gemalt hat, gefällt mir besser als **das**, **das** ich gemalt habe.
**j)** Weißt du, **dass** ich morgen arbeiten muss?

**Aufgabe 4:**
**a)** Ich wusste noch gar nicht, dass du eine Schildkröte als Haustier hast.
**b)** Dass Reiten so ein teures Hobby ist, hätte ich nicht gedacht.
**c)** Mir tut es leid, dass du so lange auf mich warten musstest.
**d)** Wie findest du das Buch, das du zum Geburtstag bekommen hast?

## *wieder* oder *wider* (S. 57)

**Aufgabe 1:**

**a)** der W**i**derstand
**b)** w**i**dersprechen
**c)** die W**ie**derholung
**d)** anw**i**dern
**e)** das W**ie**dersehen
**f)** die Textw**ie**dergabe
**g)** der W**i**derhaken
**h)** w**ie**derum
**i)** hin und w**ie**der
**j)** zuw**i**der sein
**k)** der W**i**dersacher
**l)** auf W**i**derruf
**m)** die W**ie**dervereinigung
**n)** w**i**derlegen

**Aufgabe 2:**

| **wieder/Wieder** | **wider/Wider** |
|---|---|
| die Wiederholung | der Widerstand |
| das Wiedersehen | widersprechen |
| die Textwiedergabe | anwidern |
| wiederum | der Widerhaken |
| hin und wieder | zuwider sein |
| die Wiedervereinigung | der Widersacher |
| die Wiederauferstehung | der Widerruf |
| wiedererkennen | widerlegen |
| wiederbringen | der Widerhall |

**Aufgabe 3:**

**a)** Gegner, Feind: **der Widersacher**
**b)** eklig, unangenehm: **widerlich**
**c)** antworten, entgegnen: **erwidern**
**d)** unangenehmer Mensch: **der Widerling**
**e)** robust, nicht krankheitsanfällig: **widerstandsfähig**

## *Angst* und *Bange, Schuld* und *Leid* (S. 58)

**Aufgabe 1:**

Christoph ist **angst** und bange, wenn er an die nächsten Klassenarbeiten denkt. Am meisten Angst macht ihm Mathe, aber auch vor dem Physiktest und der Lateinarbeit hat er **Angst**. Daran **schuld** sind seine Erfahrungen bei den letzten Klassenarbeiten. In Latein hatte er es nicht geschafft, alle Sätze zu übersetzen, und in Mathe waren die Aufgaben zu schwierig. Deshalb fand er nicht, dass er an der Fünf in der letzten Mathearbeit schuld war. Aber seine Lehrerin war der Meinung, dass er an seiner schlechten Note sehr wohl **Schuld** hatte, weil er nicht genug geübt hatte. Ein bisschen musste Christoph ihr aber doch Recht geben. Nachdem er zwei Nachmittage geübt hatte, war er es leid und ging lieber Fußballspielen. Hinterher tat es ihm zwar **leid**, dass er nicht noch mehr Übungsaufgaben gerechnet hatte – aber da war es schon zu spät.

**Aufgabe 2:**

Mit den zwei Verbformen *werden* und *sein* schreibst du *angst, bange, schuld, leid, recht* und *unrecht* **klein**.
Für alle anderen Fälle merk dir bloß:
*Angst, Bange, Schuld, Leid, Recht* und *Unrecht* schreibst du **groß**.

© Verlag an der Ruhr | Autorin: Alexandra Piel | ISBN 978-3-8346-3550-1 | www.verlagruhr.de

Lösungen

## Konjunktion oder nicht? (S. 59)

**Aufgabe 1:**

**a)** Du musst dich rechtzeitig anmelden, **sofern** du mitkommen willst.
Die Erinnerung an meine Grundschulzeit liegt mir schon **so fern**.

**b)** **Sowie** ich fertig bin, können wir gehen.
Ich habe **so wie** du keine Lust, die Hausaufgaben zu machen.

**c)** **Nachdem** ich eine Kleinigkeit gegessen habe, treffe ich mich mit meiner Freundin.
**Nach dem** Fußballturnier gibt es noch eine Siegerehrung.

**d)** **Seit dem** 10. Januar besucht Alina den Ballettunterricht.
**Seitdem** meine Freundin die Schule gewechselt hat, sehen wir uns viel seltener.

**e)** Die Musikschule befindet sich **in dem** Haus neben der Feuerwehr.
Am besten lernt man das Kochen, **indem** man verschiedene Rezepte ausprobiert.

**f)** **Solange** du nachmittags Unterricht hast, kannst du nicht zum Training gehen.
Im Supermarkt dauert das Warten an der Kasse jedes Mal **so lange**.

111

Typische Stolperfallen
der deutschen Rechtschreibung und Zeichensetzung umgehen

© Verlag an der Ruhr | Autorin: Alexandra Piel | ISBN 978-3-8346-3550-1 | www.verlagruhr.de

## miss- und -nis (S. 60)

**Aufgabe 1:**

| Ausgangswort | Nomen im Singular | Nomen im Plural |
|---|---|---|
| geheim | Geheimnis | Geheimnisse |
| erleben | Erlebnis | Erlebnisse |
| gefangen | Gefängnis | Gefängnisse |
| kennen | Kenntnis | Kenntnisse |
| erlauben | Erlaubnis | Erlaubnisse |
| hindern | Hindernis | Hindernisse |
| gestehen | Geständnis | Geständnisse |

**Aufgabe 2:**

**a)** Das deutsche Team hat gute Resultate (= **Ergebnisse**) erzielt.
**b)** Auf diesem Friedhof finden keine Beerdigungen (= **Begräbnisse**) mehr statt.
**c)** Die Fußball-WM ist ein wichtiges Sportevent (= **Sportereignis**).
**d)** Die beiden haben ein Kommunikationsproblem (= **Missverständnis**).
**e)** Mitten im Wald herrscht tiefe Dunkelheit (= **Finsternis**).

**Aufgabe 3:**

die Missachtung, die Missbildung, missfallen, die Missgunst, das Missverständnis, das Misstrauen, misstrauen, der Missgriff, missbilligen, missgönnen

## ur-, -tum, -sal, -bar, -sam (S. 61)

**Aufgabe 1:**

Folgende Wörter könnten gefunden werden:

| | |
|---|---|
| **ur:** | Urwald, Urmensch, uralt, Urzeit |
| **tum:** | Reichtum, Wachstum, Heldentum, Fürstentum |
| **sal:** | Schicksal, Labsal, Scheusal, Rinnsal |
| **bar:** | furchtbar, fruchtbar, unsichtbar, machbar |
| **sam:** | einsam, seltsam, wachsam, furchtsam |

**Aufgabe 2:**

Urwald, Fürstentum, Rinnsal, Mühsal, Christentum, Wachstum, dehnbar, dankbar, Judentum, Scheusal, arbeitsam, urgemütlich, Ursprung, furchtbar, machbar, uralt, ursprünglich, langsam, Altertum, seltsam

## Schwierige Wörter (S. 62)

**Aufgabe 1:**

**a)** ☐ agressiv ☒ **aggressiv** ☐ aggresiv
**b)** ☐ gefehrlich ☐ gefärlich ☒ **gefährlich**
**c)** ☒ das **Karussell** ☐ das Karussel ☐ das Karrusell
**d)** ☐ der Reisverschluss ☐ der Reißverschluß ☒ der **Reißverschluss**
**e)** ☒ **nämlich** ☐ nemlich ☐ nähmlich
**f)** ☒ **akkurat** ☐ ackurat ☐ akurat
**g)** ☐ das Schicksaal ☒ das **Schicksal** ☐ das Schicksahl
**h)** ☐ der Rhababer ☒ der **Rhabarber** ☐ der Rabarber
**i)** ☐ die verwandtschaft ☐ die Verwandschaft ☒ die **Verwandtschaft**

**Aufgabe 2:**

**a)** Hier ist die **Akustik** leider nicht besonders gut, man muss sehr laut sprechen.
**b)** Für das Projekt ist eine **Milliarde** Euro eingeplant.
**c)** Das Erdbeben war eine schwere **Katastrophe**.
**d)** Bitte schicken Sie das **Paket** an die **Adresse** meiner Firma.
**e)** Der **Rhythmus** von dieser Musik gefällt mir gut.
**f)** Nach dem Unfall muss das Auto zur **Reparatur** in die Werkstatt.
**g)** Die Impressionismus-Ausstellung fand großes **Interesse** bei den Besuchern.
**h)** Unsere Mannschaft freut sich über die gute **Platzierung** bei dem **Turnier**.
**i)** Gitarren und Geigen gehören zu den **Saiteninstrumenten**.


© Verlag an der Ruhr | Autorin: Alexandra Piel | ISBN 978-3-8346-3550-1 | www.verlagruhr.de

## -and oder -ant (S. 63/64)

**Aufgabe 1:**
Einige Beispiele:
Land – Hand – Strand – Rand – Sand

**Aufgabe 2:**

| | |
|---|---|
| **a)** jemand, der aus einem anderen Land eingewandert ist: | **der Migrant** |
| **b)** jemand, der eine Fabrik besitzt: | **der Fabrikant** |
| **c)** jemand, der gegen etwas protestiert: | **der Demonstrant** |
| **d)** jemand, der sich als Fußgänger bewegt: | **der Passant** |
| **e)** jemand, der Kunde eines Rechtsanwalts ist: | **der Mandant** |

**Aufgabe 3:**

| | |
|---|---|
| **a)** Emigr**ant** | (Emigranten/Emigrantin) |
| **b)** Musik**ant** | (Musikanten/Musikantin) |
| **c)** Doktor**and** | (Doktoranden/Doktorandin) |
| **d)** Sympathis**ant** | (Sympathisanten/Sympathisantin) |

**Aufgabe 4:**

| | |
|---|---|
| penetrant | → unangenehm, aufdringlich |
| militant | → kämpferisch |
| arrogant | → überheblich, anmaßend |
| kulant | → im Geschäftlichen sehr entgegenkommend |
| charmant | → liebenswürdig |
| brisant | → konfliktbeladen, umstritten |
| galant | → sehr höflich, aufmerksam |
| redundant | → überflüssig |
| exorbitant | → außerordentlich |
| markant | → charakteristisch, stark ausgeprägt |

**Aufgabe 5:**
Einige Beispiele:
tolerant – elegant – ignorant – dominant – rasant – prägnant

## *seid* oder *seit* (S. 65)

**Aufgabe 1:**

**a)** **Seid** ihr alle da? → **Verb**
**b)** Ich fühle mich viel besser, **seit** ich zum Frühstück Müsli esse. → **Konjunktion**
**c)** **Seit** ich mit meinem Freund zusammen bin, gehe ich auch ins Stadion. → **Konjunktion**
**d)** Wenn ihr fertig **seid**, könnt ihr mit der nächsten Aufgabe anfangen! → **Verb**
**e)** **Seit** einer Woche habe ich keine Schokolade mehr gegessen. → **Präposition**
**f)** Weißt du noch, **seit** wann ich im Basketballverein bin? → **Präposition**

**Aufgabe 2:**

**a)** Manchmal **seid** ihr ganz schön nervig.
**b)** Wann **seid** ihr wieder zu Hause?
**c)** **Seit** sie regelmäßig joggt, ist sie viel fitter geworden.
**d)** Euer Mathelehrer beschwert sich, weil ihr zu laut **seid**.
**e)** **Seit** gestern habe ich ein neues Fahrrad.
**f)** Bitte **seid** mir nicht böse!
**g)** Meine Schwester wohnt **seit** drei Jahren in einer eigenen Wohnung.
**h)** **Seit** Saskia einen Hund hat, muss sie jeden Morgen mit ihm spazieren gehen.

# *Tod* oder *tot* (S. 66)

**Aufgabe 1:**

**a)** to**t**fahren
**b)** to**t**schweigen
**c)** Unfallto**d**
**d)** to**d**sicher
**e)** To**t**schlag
**f)** To**d**sünde
**g)** To**d**feind
**h)** tö**d**lich
**i)** sich to**t** stellen
**j)** to**d**müde
**k)** Freito**d**
**l)** sich to**t**ärgern
**m)** To**t**gesagte
**n)** to**d**bringend

**Aufgabe 2:**

| **Tod/tod** | **Tot/tot** |
|---|---|
| Unfalltod | totfahren |
| todsicher | totschweigen |
| Todsünde | Totschlag |
| Todfeind | sich tot stellen |
| tödlich | sich totärgern |
| todmüde | Totgesagte |
| Freitod | |
| todbringend | |

## ent- oder end- (S. 67)

**Aufgabe 1:**
Endfassung, endlos, letztendlich, Endspurt, Endhaltestelle, endlich, Entschuldigung, enttäuscht, entkommen, entsetzlich

**Aufgabe 2:**
**a)** Die Diebe sind den Polizisten **entkommen/ entwischt**.
**b)** Dieser Pudding **enthält** sehr viel Zucker.
**c)** Es gab ein **entsetzliches** Gewitter, bei dem die Feuerwehr ausrücken musste.
**d)** Bei einer **Entführung** wird versucht, Lösegeld zu erpressen.
**e)** Die Firma muss einige Mitarbeiter **entlassen**.
**f)** Julia **entschuldigt** sich bei ihrer Lehrerin für die unverschämte Bemerkung.
**g)** Viele Leute können sich beim Sport gut **entspannen**.
**h)** Sie ist sehr **enttäuscht**, weil ihr Freund ihren Geburtstag vergessen hat.
**i)** Die **Entfernung** zwischen Dortmund und Bochum beträgt rund 20 Kilometer.

## d oder t, dt oder tt (S. 68)

**Aufgabe 1:**
**a)** er san**dt**e
**b)** en**d**gültig
**c)** ihr war**t**
**d)** Verwan**dt**e
**e)** Werksta**tt**
**f)** Hauptsta**dt**
**g)** sta**tt**finden
**h)** zugewan**dt**
**i)** bun**t**
**j)** en**t**senden
**k)** Versan**d**
**l)** ihr sei**d**
**m)** sta**tt**geben
**n)** sta**tt**lich

**Aufgabe 2:**
**a)** Tod → **tödlich, Hirntod, Unfalltod, todtraurig, todernst**
**b)** tot → **sich totlachen, sich tot stellen, totschlagen**
**c)** Stadt → **Großstadt, Hauptstadt, Stadtverwaltung, städtisch**
**d)** statt → **stattdessen, Raststätte, Brandstätte, Ruhestätte**
**e)** Ende → **beenden, Endung, verenden, unendlich**
**f)** rund → **Runde, rundlich, Rundung, aufrunden**

# Gleich klingende Wörter (Homophone) (S. 69/70)

**Aufgabe 1:**

**a)** Gestern **war** ein schöner Sommertag.
**b)** Eine Geige ist ein Instrument mit vier **Saiten**.
**c)** Du musst den **Stiel** der Rose kürzen, damit sie in die Vase passt.
**d)** Wie gefällt dir das neue **Lied** von Herbert Grönemeyer?
**e)** Ich brauche eine neue **Mine** für meinen Kugelschreiber.
**f)** Diese Lederjacke ist absolut nicht mein **Stil**!
**g)** Zieh doch nicht so eine traurige **Miene**!
**h)** Ich glaube nicht, dass das **wahr** ist, was du mir erzählst.
**i)** Wie viele **Seiten** unserer Lektüre hast du schon gelesen?

**Aufgabe 2:**

| | | |
|---|---|---|
| **a)** | Bote: | **der Überbringer von etwas, z.B. Postbote** |
| | Boote: | **Plural von Boot, Schiff** |
| **b)** | dehnen: | **erweitern, ausstrecken** |
| | denen: | **Relativpronomen im Dativ Plural** |
| **c)** | malen: | **zeichnen** |
| | mahlen: | **Körner zerkleinern in einer Mühle** |
| **d)** | lehren: | **unterrichten** |
| | leeren: | **Gegenteil von füllen** |
| **e)** | Grad: | **Maßeinheit** |
| | Grat: | **Bergrücken** |
| **f)** | Weise: | **Art oder ein Lied** |
| | Waise: | **Kind ohne Eltern** |

## Bindestriche (S. 72)

**Aufgabe 1:**

**a)** 400mlauf → **400-m-Lauf**
**b)** COhaltig → **CO-haltig**
**c)** dpameldung → **dpa-Meldung**
**d)** 100prozentig → **100-prozentig**
**e)** Einundausgang → **Ein- und Ausgang**
**f)** Rembrandtplatz → **Rembrandtplatz**
**g)** xbeliebig → **x-beliebig**

**Aufgabe 2:**

Eine **2-fache** Mutter geht mit ihren **14-jährigen** Zwillingssöhnen einkaufen. Beide wollen unbedingt zig Tüten Chips kaufen, doch die Mutter weist sie wütend zurecht: „Ich habe euch schon **x-mal** gesagt, dass so viele Chips ungesund sind." Mitten in der Auseinandersetzung klingelt ihr Handy. Eine Freundin will wissen, ob sie abends mit ins Stadtmuseum kommt. Dort wird die neue **Claude-Monet-Ausstellung** eröffnet. Die beiden verabreden sich um 19.30 Uhr an der **U-Bahn-Station Martin-Luther**-Platz. Während des Telefonats haben die beiden Jungen die Gelegenheit genutzt und zwei Tafeln **Erdbeer-Joghurt-Schokolade** in den Einkaufswagen gelegt.

## Apostroph (S. 73)

**Aufgabe 1:**

**a)** Grimm'sche Märchen
**b)** Bist du's?
**c)** CDs
**d)** dienstags
**e)** Bernds Eltern
**f)** Hans' Chef
**g)** Brechts Dramen
**h)** M'gladbach

**Aufgaben 2 und 3:**

Für die Fahrt mit unserer Klasse zum Aasee habe ich mir **Svens** Fahrrad geliehen. Erst wollte ich Nils' Rad nehmen, aber dann hat er mich **abends** angerufen und gesagt, dass er es selbst braucht. Nun bin ich also endlich **unterwegs** und radle mit meinen Mitschülern Richtung Aasee. Leider müssen wir an einer breiten Hauptstraße entlang, wo viele **Autos** fahren. Doch dann geht's nach **rechts** in einen Feldweg. Hier macht's viel mehr Spaß, mit dem Fahrrad zu fahren!

## Silbentrennung (S. 74)

**Aufgabe 1:**

**a)** Autoreifen → **Au-to-rei-fen**
**b)** Partnerin → **Part-ne-rin**
**c)** Dienstag → **Diens-tag**
**d)** Oberkörper → **Ober-kör-per**
**e)** türkisch → **tür-kisch**
**f)** Taschenrechner → **Ta-schen-rech-ner**
**g)** Tauchbecken → **Tauch-be-cken**
**h)** Fenster → **Fens-ter**
**i)** Veranda → **Ve-ran-da**

**Aufgabe 2:**

Blumentopf-erde
Spar-gelder
Ur-instinkt
be-inhalten

# Satzschlusszeichen (S. 75)

**Aufgabe 1:**

**a)** Bücher - öffnet - Seite - bitte - eure - auf - 21
→ Ausruf/Aufforderung
**→ Öffnet bitte eure Bücher auf Seite 21!**

**b)** Samstag - fahre - meinen - am - Köln - ich - mit - Eltern - nach
→ Aussage
**→ Am Samstag fahre ich mit meinen Eltern nach Köln.**

**c)** ihr - am - mit - Montagabend - kommt - Kino - ins
→ Frage
**→ Kommt ihr am Montagabend mit ins Kino?**

**d)** schnell - mach - alle - Fenster - Klasse - zu - der - in
→ Ausruf/Aufforderung
**→ Mach schnell alle Fenster in der Klasse zu!**

**e)** Turnhalle - in - gibt - der - es - Sportgeräte - viele
→ Aussage
**→ In der Turnhalle gibt es viele Sportgeräte.**

**f)** du - auch - Käse - möchtest - ein - mit - Brötchen
→ Frage
**→ Möchtest du auch ein Brötchen mit Käse?**

**Aufgabe 2:**

Gar nicht so einfach, diese Aufgabe. Hier findest du einen langen Text ohne Satzzeichen: (.) Es fehlen Punkt, Doppelpunkt und Komma. Vielleicht musst du auch noch ein Fragezeichen an der passenden Stelle einsetzen. Immerhin erkennst du schon an der Großschreibung der Satzanfänge, wo ein neuer Satz anfängt. Wenn du versuchst, diesen Text ohne Satzzeichen zu lesen, merkst du, wie schwierig das ist und wie wichtig Satzzeichen sind. Sie helfen dir(,) Texte besser zu verstehen, weil sie das Geschriebene strukturieren. Wie viele Satzzeichen hast du in diesem Text eingesetzt?

# Wörtliche Rede (S. 76)

**Aufgabe 1:**

**Das Lamm und der Wolf**

Ein Lamm stand an einem Bach und löschte seinen Durst. Ein Wolf befand sich in einiger Entfernung zum Lamm, aber näher an der Quelle. Auch der Wolf trank von dem Wasser. Kaum hatte er aber das Lämmchen erblickt, schrie er: „Warum trübst du mir das Wasser, das ich trinken will?“ Darauf antwortete das Lamm schüchtern: „Wie wäre das möglich? Ich stehe hier unten und du so weit oben. Das Wasser fließt ja von dir zu mir.“ Der Wolf knurrte böse. „Wirklich. Bitte glaube mir!“, flehte das Lamm, „mir käme es nie in den Sinn, dir etwas Böses zu tun.“ „Ei, sieh doch!“, rief der Wolf. „Du machst genau das, was dein Vater vor sechs Monaten gemacht hat. Und ich weiß noch genau, dass du auch dabei warst. Aber du konntest schnell genug entkommen, als ich ihm für sein Schmähen das Fell über die Ohren zog.“ „Ach, Herr!“, flehte das ängstliche Lämmchen, „Ich bin ja erst vier Wochen alt und kannte meinen Vater gar nicht. Er ist schon so lange tot, warum soll ich nun für ihn büßen?“ „Welch Unverschämtheit“, rief der Wolf und fletschte die Zähne. „Tot oder nicht tot, weiß ich doch, dass euer ganzes Geschlecht mich hasst – und dafür muss ich mich rächen.“ Ohne sich umzuschauen, zerriss er das Lämmchen und fraß es auf.

# Komma bei Aufzählungen (S. 77)

**Aufgabe 1:**

**a)** Das Kleid hat ein schönes Muster mit roten, orangefarbenen und gelben Blüten.

**b)** In Berlin haben wir weder den Reichstag noch das Brandenburger Tor besucht, denn wir haben uns auf bedeutende Berliner Museen beschränkt.

**c)** Möchten Sie lieber einen kräftigen schwarzen Tee oder einen frischen, fruchtigen Orangensaft?

**d)** Til Schweiger ist ein berühmter, erfolgreicher Filmschauspieler.

**e)** Wir haben heute die Wohnung geputzt, eingekauft, etwas zu essen gemacht und danach gespült.

**f)** Zu der Feier kommen mein Onkel, meine Tante, ihre Tochter und ihr Sohn sowie auch unsere Nachbarn, einige Freunde aus der Schule, aber leider nicht meine beste Freundin.

**g)** Er trug einen langen, weiten Mantel, eine schwarze, enge Hose sowie derbe, schwarze Schuhe.

**Aufgabe 2:**

**a)** Es gibt jetzt ein neues, benutzerfreundliches Ausleihsystem in der Bibliothek./
Es gibt jetzt ein neues benutzerfreundliches Ausleihsystem in der Bibliothek.
**Im ersten Satz geht es um ein neues, und zwar jetzt im Vergleich zum alten System, benutzerfreundliches Ausleihsystem.**
**Der zweite Satz sagt, dass es ein neues benutzerfreundliches Ausleihsystem gibt (auch das alte war ein benutzerfreundliches Ausleihsystem).**

**b)** Auf den höher liegenden unbewaldeten Hängen liegt schon Schnee./
Auf den höher liegenden, unbewaldeten Hängen liegt schon Schnee.
**Zum ersten Satz: Es gibt auch tiefer liegende Hänge, auf denen kein Wald wächst.**
**Der zweite Satz sagt, dass nur die höher liegenden Hänge ohne Wald sind.**
**Auf den tiefer liegenden Hängen wachsen Bäume.**

# Komma bei Hauptsätzen (S. 78)

**Aufgabe 1:**

| | richtig | falsch | freigestellt |
|---|---|---|---|
| Daniel fährt mit dem Bus in die Stadt, seine Schwester nimmt das Fahrrad. | x | | |
| Entweder du beeilst dich jetzt, oder ich fahre ohne dich! | | | x |
| Meret wäscht sich die Haare, und lackiert sich die Fingernägel. | | x | |
| Marius geht ins Kino, und später trifft er sich mit seiner Freundin. | | | x |
| Möchtest du lieber Pizza essen, oder hast du mehr Lust auf Döner? | | | x |
| Rachel macht Deutschhausaufgaben, und Finn lernt für den Chemietest. | | | x |

**Aufgabe 2:**

**a)** Gehen wir ins Schwimmbad oder möchtest du lieber zu Hause bleiben?

**b)** Meine Mutter kauft einen Blumenstrauß und besorgt frische Blumen für Hannahs Geburtstag

**c)** Herr Berger arbeitet als Kellner, Frau Berger ist Bankangestellte.

**d)** Zum Frühstück trinken wir Kaffee, zum Mittagessen gibt es Apfelsaft und Wasser.

# Komma bei Nebensätzen und Nachträgen (S. 79/80)

**Aufgabe 1:**

Die Hauptsätze sind **fett**, die Nebensätze *kursiv*.

**a)** **Wir fahren mit dem Fahrrad zur Schule,** *obwohl es auch einen Schulbus gibt.*

**b)** **Bringst du bitte das T-Shirt,** *das ich dir geliehen habe,* **wieder mit?**

**c)** *Dass es morgen regnet,* **kann ich mir nicht vorstellen.**

**d)** *Während ich dusche,* **läuft das Radio.**

**e)** *Nachdem er die Matheaufgaben gerechnet hat,* **lernt er für den Physiktest.**

**f)** **Da ist das Café,** *von dem ich dir erzählt habe.*

**g)** **Hier wohnt meine Freundin,** *mit der ich in den Urlaub fahre.*

**h)** *Als ich nach Hause kam,* **war es sehr kalt in der Wohnung.**

**Aufgabe 2:**

Sätze, die gebildet werden könnten:

Ich gehe in die Stadt, obwohl ich Kopfschmerzen habe.

Wenn ich Zeit habe, gehe ich in die Stadt.

Ich fahre mit dem Bus zur Schule, seit ich hier wohne.

Ich lerne Vokabeln, indem ich Karteikarten beschrifte.

Obwohl ich Kopfschmerzen habe, höre ich Musik.

Ich höre Musik, bis ich zur Schule gehen muss.

Ich gehe zum Training, wenn ich Zeit habe.

Ich gehe zum Training, obwohl ich Kopfschmerzen habe.

Weil ich mich mit meiner Freundin treffe, räume ich mein Zimmer auf.

Ich hole Brötchen, wenn ich Zeit habe.

**Aufgabe 3:**

**a)** Sobald er zu Hause ist, zieht er sich um.

**b)** Während der Klassenfahrt hat er sich mit Sonja angefreundet.

**c)** Wenn ihr euch ständig streitet, könnt ihr nicht zusammenarbeiten.

**d)** Ich hoffe, dass wir uns bald, nicht erst im nächsten Jahr, wiedersehen.

**e)** Mein kleiner Bruder bleibt zu Hause, weil er Kopfschmerzen hat.

**Aufgabe 4:**

**a)** In diesem Schuljahr werden die Hausaufgaben immer aufwändiger, besonders in Mathe.

**b)** Wir könnten in Sport doch mal etwas anderes machen, zum Beispiel Fußball spielen.

**c)** Eines dieser Bücher, und zwar das über Pferde, gehört mir.

Lösungen

## Komma bei Infinitiv- und Partizipgruppen (S. 81)

**Aufgabe 1:**

**a)** Wir fahren in die Stadt, um für Miriam eine neue Jacke zu kaufen.

**b)** Es ist wichtig, sich gut auf den Test vorzubereiten.

**c)** Er geht davon aus, ihn bald wiederzusehen.

**d)** Das Baby schrie laut, um seine Eltern zu sich zu rufen.

**e)** Ich freue mich darauf, in den Herbstferien ans Meer zu fahren.

**f)** Wir glauben daran, mit dem Theaterstück Erfolg zu haben.

**g)** Wir mögen es sehr, im Kletterwald zu klettern.

**h)** Man sollte nicht in die Schule gehen, ohne zu frühstücken.

**Aufgabe 2:**

**a)** Vor Freude ganz aufgeregt, kam er in die Schule.
Komma **kann** stehen.

**b)** Vor Freude ganz aufgeregt, so kam er in die Schule.
Komma **muss** stehen.

**c)** Er kam in die Schule, vor Freude ganz aufgeregt.
Komma **muss** stehen.



© Verlag an der Ruhr | Autorin: Alexandra Piel | ISBN 978-3-8346-3550-1 | www.verlagruhr.de

Lösungen

## Komma bei Appositionen (S. 82)

**Aufgabe 1:**

**a)** Das ist Sybille, Franks neue Freundin.

**b)** Hier wohnt Frau Naumann, unsere neue Lehrerin.

**c)** Henry, ein kleiner Hund, mag gern lange Spaziergänge.

**d)** Frau Seidel, unsere Nachbarin aus dem Erdgeschoss, hat ein rotes Auto.

**Aufgabe 2:**

Am Samstag fahre ich mit Sebastian, meinem älteren Bruder, nach Köln. Wir wollen uns früh morgens um 7 Uhr auf den Weg machen, damit wir viel Zeit in Köln haben. Unsere Fahrkarten haben wir schon vor ein paar Tagen, am letzten Mittwoch, im Reisezentrum besorgt. In Köln haben wir ein abwechslungsreiches Programm: Erst besuchen wir die Kolumba, ein interessantes Kunstmuseum. Dann besichtigen wir Kölns Wahrzeichen, den Dom, und machen einen Spaziergang am Rhein. Später gehen wir ins „Max", ein neues Café in der Südstadt. Um halb elf fahren wir mit dem Zug, einem ICE, wieder zurück. Am Bahnhof erwartet uns Silja, unsere Schwester, schon. Sie fährt uns mit ihrem Auto, einem weißen Golf, nach Hause.



© Verlag an der Ruhr | Autorin: Alexandra Piel | ISBN 978-3-8346-3550-1 | www.verlagruhr.de

# Literaturtipps

*Andreas Eberle*
**Die Fehlerhilfe.
Das Aktiv-Training gegen typische Fehler.
Deutsch. Rechtschreibung 7.–9. Schuljahr.**
Schroedel, 2011.
ISBN 978-3-507-23203-7

*Mathilde Henning (Hrsg.)*
**Duden – Das Wörterbuch der sprachlichen Zweifelsfälle. Richtiges und gutes Deutsch. Von „anscheinend/scheinbar" bis „zumindest/mindestens". (Duden Band 9).**
8., vollständig überarbeitete Auflage.
Dudenverlag, 2016.
ISBN 978-3-411-04098-8

*Anja Steinhauer*
**Duden – Erste Hilfe.
Die 100 häufigsten Fehler:
Rechtschreibung, Grammatik & Co.**
Dudenverlag, 2015.
ISBN 978-3-411-74838-9

*Christian Stang/Anja Steinhauer*
**Handbuch Zeichensetzung.
Der praktische Ratgeber zu Komma, Punkt und allen anderen Satzzeichen (Duden Ratgeber).**
Dudenverlag, 2014.
ISBN 973-3-411-74492-3

*Horst Stephan*
**Rechtschreibung im Griff.
Deutsch 7./8. Klasse.
Mein Übungsbuch für Gymnasium und Realschule.**
Klett, 2015.
ISBN 978-3-12-927349-4

*Birgit Lascho*
**Typische Stolperfallen der deutschen Grammatik umgehen.
Arbeitsblätter für die Sekundarstufe.**
Verlag an der Ruhr, 2015.
ISBN 978-3-8346-2758-2

*Christian Stang*
**Stolpersteine der Rechtschreibung (Duden Ratgeber).**
Dudenverlag, 2011.
ISBN 978-3-411-04098-8